远 见 成 就 未 来

建 投 书 店 投 资 有 限 公 司
More than books

英国科学经典读物

THE SECRET LIFE OF LANGUAGE

语言的奥秘

一场语言历史的发现之旅

[英]西蒙·普林 著
余建平 译

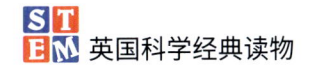

中国出版集团
中译出版社

图书在版编目（CIP）数据

语言的奥秘 /（英）西蒙·普林（Simon Pulleyn）
著；余建平译. -- 北京：中译出版社，2021.3
　ISBN 978-7-5001-6365-7

Ⅰ.①语… Ⅱ.①西…②余… Ⅲ.①语言学—通俗读物 Ⅳ.①H0-49

中国版本图书馆CIP数据核字(2020)第199868号

The Secret Life of Language
First published in Great Britain in 2018 by Cassell Illustrated,
an imprint of Octopus Publishing Group Ltd
Carmelite House, 50 Victoria Embankment
London EC4Y 0DZ
Text copyright © Simon Pulleyn 2018
Design& layout copyright © Octopus Publishing Group Ltd 2018
All rights reserved.
Simon Pulleyn asserts the moral right to be identified as the author of this work.

版权登记号：01-2019-7369

语言的奥秘

出版发行	：中译出版社
地　　址	：北京市西城区车公庄大街甲4号物华大厦六层
电　　话	：（010）68359101；68359303（发行部）； 　　　68357328；53601537（编辑部）
邮　　编	：100044
电子邮箱	：book@ctph.com.cn
网　　址	：http://www.ctph.com.cn
出 版 人	：乔卫兵
特约编辑	：冯丽媛　任月园
责任编辑	：郭宇佳
译　　者	：余建平
封面设计	：今亮后声·王秋萍　胡振宇
排　　版	：壹原视觉
印　　刷	：山东临沂新华印刷物流集团有限责任公司
经　　销	：新华书店
规　　格	：710毫米×880毫米　1/16
印　　张	：17.75
字　　数	：155千字
版　　次	：2021年3月第1版
印　　次	：2021年3月第1次
审 图 号	：GS（2020）3745号

ISBN 978-7-5001-6365-7　　　　　定价：68.80元

版权所有　侵权必究
中译出版社

前 言

神圣罗马帝国皇帝查理五世曾说,掌握另外一种语言就等于拥有了另外一个灵魂。美国语言学家查尔斯·伯利兹也曾说过,只会一种语言就如同空有一幢豪宅,却只能住在其中的一个房间。他们所表达的都是同一个意思:语言关乎我们的本质。

世界上仍在使用的语言大约有 7000 多种,它们并不是对同一事物的 7000 多种不同的乏味命名,而是 7000 多种与世界互动的方式——操不同语言的人确实是在以不同的方式与世界进行交流。如果你用于交流的语言名词有阴阳性之分,比如意大利语,那么,在你眼中,这个本无生命可言的世界(好坏姑且不论)便可能充斥着各种阴性或阳性的联系。假如你说的是俄语,每当你想表达要去某个地方时,相比其他大多数欧洲语言,你必须得提供更多的信息:首先,你得选择一个动词,说明你是走路去还是乘坐交通工具去;然后,你还得说明这趟旅行是单程的还是往返的。而日语使用者则不得不小心遵守其复杂精妙的敬语系统和社会地位关系,根据交谈对象的不同来选择词汇。在某些亚马孙河流域的语言中,如果你想表达某事确实如何如何,你不能只说这件事,还必须选用一个特定形式的动词来表明你说这句话的依据。

语言差异万岁

了解语言之间的差异不过是研究语言的方式之一。本书将带你贯穿语言的整个领域,从人类如何学会使用语言谈

> 任何时候语言都犹如一个万花筒，包含不同的风格、语体和方言。
>
> ——戴维·克里斯特尔（David Gystal）

起，然后带你了解人类发音的秘密。我们会做一些新奇而又有趣的实验，带你感受说话时，咽喉、舌头以及嘴唇的运动方式。在我们了解语言时，语言学方面的知识也是一项不可或缺的工具。语言学研究的不是某一门语言的规则，而是运用某些特定的方法，研究如何区分语音、分析词汇以及句子的结构。之后，本书将带你了解世界上所有的主要语系，这些语系一般是根据家族相似性或者地缘的远近来划分或分

↑ 最初，古希腊象形文字是用图形来表示事物的，这些象形文字后来慢慢演变为语言发音的象征符。

类的。

  语言首先是一种口语现象，因此在这一阶段，我们并不急于讨论书面语言。后面我们会专门留出章节对其进行探讨，毕竟无论是现在还是过去，书面语言都是我们主要的交流方式。没有书面语言，绝大部分的人类历史可能无从知晓，更别提语言本身的历史。接下来，你可能就会想，语言和方言有何区别？这个问题可不容易回答。同时，你也可能会担心语言生态和语言死亡，这也确实是一个迫在眉睫、亟待解决的问题。到 21 世纪末，现在用于交流的语言有一半将会灭绝。因此，本书还会就人工语言，即未来的语言进行探讨，同时，我们还会就现存的语言作一些谨慎的预测，到底哪些语言能够陪伴我们进入 22 世纪？

  如果你了解语言，也热爱语言，那么对你来说，这本书简直再合适不过。如果对你来说，语言是一个相对陌生的领域，这本书更会成为你的专属之书，因为语言是一个博大精深的领域，可以使你终身受益。我希望喜欢语言的人能走出去，学习另外一种语言。语言并不简单，学起来也并不轻松，但它能给你的世界带来改变。

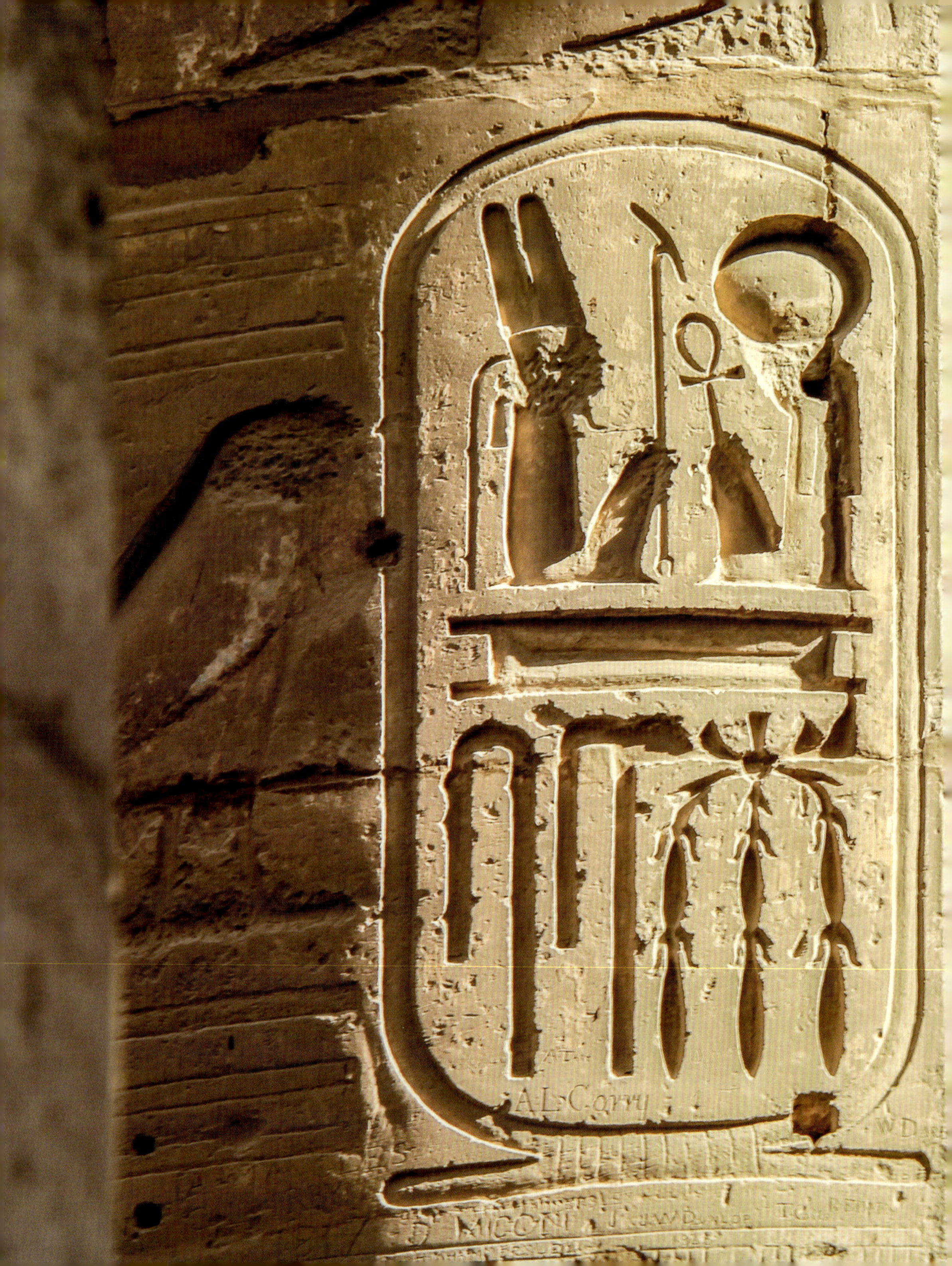
A.L. Corry

JOHN GORDON

目 录

语言解剖学   1

    鸟和蜜蜂的语言   2
    人类的进化   7

语言的构成   13

    声音和语言   14
    语音学   20
    音系学   26
    形态学   36
    词库   49
    句法   54

语系   63

    印欧语系   64
    其他语言   69
    罗曼斯语族   82
    日耳曼语族   94
    凯尔特语系   101
    斯拉夫语族   105
    闪米特语族   111
    突厥语族   118
    乌拉尔语族   125
    高加索语族   128
    印地语系   132
    伊朗语族   139
    非洲语言   146
    太平洋语系   153
    东南亚大陆语系   164

中文　168
日语　175
美洲语言　182
同一种语言，不一样的世界　190

书写系统　197

书写体系溯源　198
楔形文字和象形文字　206
音节文字　217
字母文字　221
中文书写体系　227
日语书写体系　233
卢恩字母和欧甘文字　238
解密文字　241

语言变体　249

方言　250
语言的生态和死亡　255

未来的语言　263

人工语言　264
展望未来　269

参考文献　272
照片来源　274
图例来源　274

语言解剖学

人们经常说，语言使我们成为人类。我们虽无力去证明这句话的真伪，但是很明显，人类是以一种完全不同于动物的方式说话的。接下来的几个章节，你会了解到动物之间复杂的交流方式，同时还将看到，是怎样独特的生理结构使我们如此适应语言。

人类和其他物种的语言能力究竟有多大区别，进化生物学家和认知心理学家们彼此争论不休。关键在于在 200 万年前是什么、在多大程度上促使人类在人科始祖走上独立进化的道路、变成智人之前，就已进化出了语言——有些专家认为，进化所需的"建材"在更早以前就已准备就绪；另一些专家则认为，人类直到最近 100 万年才完成那重要的一步。人类能够进化出语言并不只是因为人类有声带和咽喉这么简单，更与一个基本问题——哺乳类动物大脑的认知能力——息息相关。

鸟和蜜蜂的语言

语言一词源自拉丁语的"lingua"(舌头),口语是语言的首要特征,书写不过是口语的记录,是同一枚硬币的反面。口语先于书面语产生。

语言是一种交流形式,但并不是所有的交流都要使用语言。在公共汽车或者火车上,如果有人吃气味浓烈的食物,我会朝他扬起眉毛以表达我的不满,这时我并没有使用通常意义上所说的语言。如果一个持枪的士兵扬起了白旗,我们会明白他想投降,但这也不是通常意义上的语言。火警铃声响起时,不用任何人说话提醒,我们也会知道应该立即从危险地撤离。

蜜蜂的舞蹈和鸟的鸣叫

人类之外的物种也同样拥有非语言的交流方式。最为耳熟能详的可能要数蜜蜂的摇摆舞了。外出采蜜的蜜蜂能够和留守蜂巢的蜜蜂进行交流,告诉它们应当朝哪个方向飞,飞多远才能找到食物源。这种舞蹈十分复杂。信息交流的准确性关乎整个蜂群的生死存亡,因为如果蜂群准备放弃原来的蜂巢,搬迁至新的食物源附近,一旦信息传递错误,所有蜜蜂都将遭到灭顶之灾。因此,对于蜜蜂来说,进化的重中之重就是找到一种可靠的交流手段。

蜜蜂也会发出嗡嗡的声音,但是这与信息交流没有关系。另外,鸟儿会鸣叫,与人类的语言更加相似。从"鸟鸣"这个词我们也可以意识到鸟儿和人类在发声上的相似性。

毫无疑问,鸟的鸣叫带有交流的性质。科学家们已经能

↑ 1899 年的《海牙公约》中规定白旗代表停战,但这一代表投降的信号,其历史可以再往前追溯几百年。

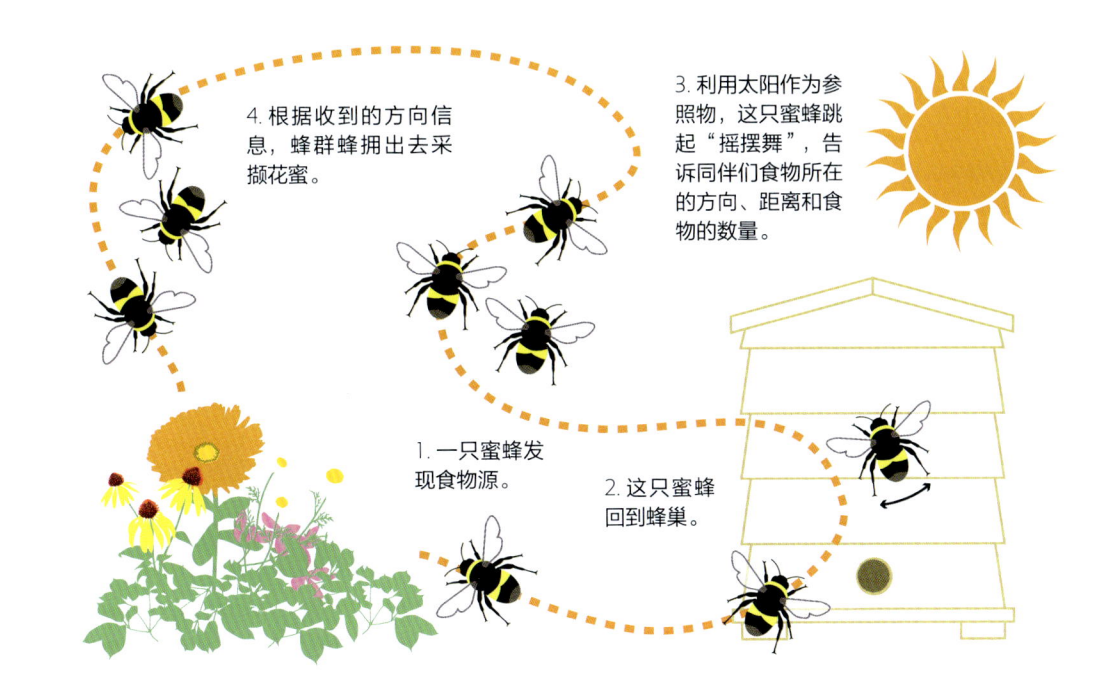

3. 利用太阳作为参照物，这只蜜蜂跳起"摇摆舞"，告诉同伴们食物所在的方向、距离和食物的数量。

4. 根据收到的方向信息，蜂群蜂拥出去采撷花蜜。

1. 一只蜜蜂发现食物源。

2. 这只蜜蜂回到蜂巢。

↑ 褐鸫鸟善于模仿，通过模仿其他鸟类创造了大量不同的叫声。

够区分各种鸟类表示特定信号的鸣叫声，例如表示危险或者求偶的鸣叫声。这类鸣叫声一般都比较短促而简单，有些鸣叫声持续时间比较长，可以持续好几秒，甚至长达几分钟。有些种类的成年鸟能够发出几百乃至上千种不同的声音。栖息在北美的褐鸫鸟，便能发出 1500 多种不同的声音，而且这 1500 多种声音都不是随意地、毫无规则地乱叫，因为通过录音比对研究，我们发现这些鸟在不同的场合发出过相同的鸣叫声。

如果你误以为这些不同的鸟鸣相当于组成人类语言的无以计数的单词，那么你就大错特错了。一些比较长的鸟鸣声可能仅仅是表示"我在这儿"的意思，其目的可能是为了吸引异性，抑或警告其他鸟儿不要侵犯自己的领地。研究证明了雌鸟往往容易为那些能够发出最多种叫声的雄鸟所吸

鸟和蜜蜂的语言

↓ 雄性座头鲸的歌声并不是一成不变的，如果一只座头鲸发明了一种新叫声，其他同伴马上就能学会。20世纪50年代，人们第一次记录下了鲸鱼的歌声。

语言解剖学

引——可能是因为雌鸟们喜欢音乐。但更有可能的是，能够发出多种不同的叫声代表体魄强健。

鹦鹉的例子就有些特殊了，虽然与同类相互交流时，鹦鹉不会使用人类的语言，但是有些种类的鹦鹉能够十分准确地模仿人类语言，而且在独处时还会不断操练。它们记忆力超强，能够把人类教给它们的词汇和实物联系起来，见到实物能够说出对应的名称。这些人鸟互动都可以归结为"模仿"，和所谓的"语言"有诸多相似之处。

海洋之歌

人类以外的动物中，鲸鱼、海豚和鼠海豚发出的声音最为复杂。鲸类分成齿鲸和须鲸（须鲸通过鲸须过滤出小型鱼类的方式来进食，组成鲸须的物质与我们的指甲和头发成分相似）。须鲸体型庞大，喜欢单独活动，种群结构简单，发出的声音却十分复杂，处于发情期的须鲸更是如此。齿鲸大多成群活动，发出的声音算不上优美，但是能够利用声音进行社交活动。齿鲸发出的声音多为咔嗒声和口哨声，而须鲸除了能发出咔嗒声之外，还能发出不同的音调、呻吟以及其

→ 与所有的海豚家族成员一样，虎鲸发出咔嗒声和口哨声用来交流，而且家族成员联系紧密，每个家族都有其特殊的"口音"。

鸟和蜜蜂的语言

他各种声音。须鲸的叫声频率比人类能够听到的频率要低，齿鲸的叫声频率则比人类能够听到的频率都要高。我们可以通过特殊水听设备听到它们的叫声。

座头鲸是一种须鲸，发出的声音可以持续半个多小时，而且都是由重复的音段组成，每个音段持续 10—20 秒钟。这些歌声仿佛由不同的短语组成，会不断重复，一头须鲸能够在 20 多个小时里不断重复发声。经过多年来对鲸鱼的跟踪录音，人们发现这些叫声（与鸟的鸣叫声不同）虽然相似，但并非一模一样简单重复，其目的似乎也只是为了吸引异性配偶。与之相比，齿鲸的叫声可能会有各种不同的目的。我们发现海豚的记忆力可以和猿猴相媲美，它们可以在 10 千米甚至更远的距离用咔嗒声、口哨声或其他呼叫方式进行交流，交流的信息包括食物来源和族群内其他成员的方位等。除了我们掌握的这些情况之外，鲸鱼彼此之间还可能会交流其他信息——这不足为奇，像鲸鱼这类聪明的动物，除了交配和获得食物之外，理应还会有其他需求和爱好。

↓ 海豚利用声音进行交流和导航。它把气流挤压过位于呼吸孔下方、额头内部的声唇，从而发出咔嗒声。声音会聚成波束传入水中，音波波束遇到物体会产生回波，海豚可以用下颚接收这些回波，以及利用位于内耳的听泡对这些回波进行处理。

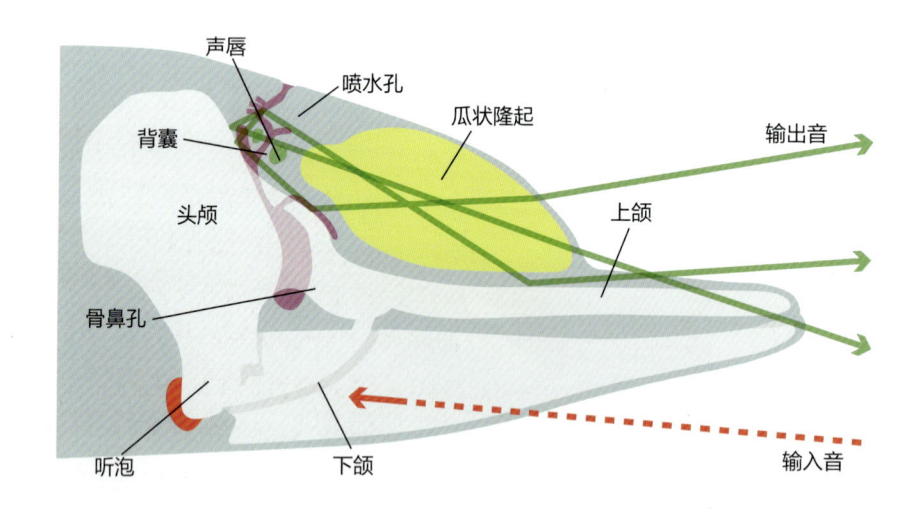

声唇　喷水孔　瓜状隆起　输出音
背囊
头颅
上颌
骨鼻孔
听泡　下颌　输入音

语言解剖学

人类的进化

人类为什么能够发出如此多的不同声音？为什么人类的语言如此丰富，可以表达各种具体和抽象的概念？

第一个问题的答案与我们人类的发音器官密切相关，而第二个问题的答案则与我们大脑的容量和构造息息相关。只要我们把现代人类和兔子，甚至大猩猩的大脑放在一起对比一下，其间的差异就不言自明了，最难回答的问题应当是人类是从何时开始使用语言的。

早期人类的大脑

解剖学意义上的现代人类大约是在 20 万年前进化完成的。进化生物学家一致认为，此时的人类在解剖结构上已与现代人类没什么不同。早期人类已经具备了各种发音器官，但是 20 万年前他们是否真正使用了语言，我们现在无从得知。

与上述问题略有不同的是，早期古人类，例如尼安德特人，是否能够发出声音并说出语言呢？200 万年前的直立人是否已经具备了语言能力呢？在上述实例中，我们所能讨论的，归根结底只是一些可能性，没有人能够证明人类是何时真正开始说话的。

我们很难从书面史料中找到这些问题的答案，最早的书面记录材料大约有 5500 年的历史。毋庸置疑，在书面语言被创造出来之前，人类就已经能够使用语言了，因为要记录某种语言，记录的对象首先一定已经存在了。因此，许多人类学家开始研究化石以求找到相关线索。问题是骨骼化石能

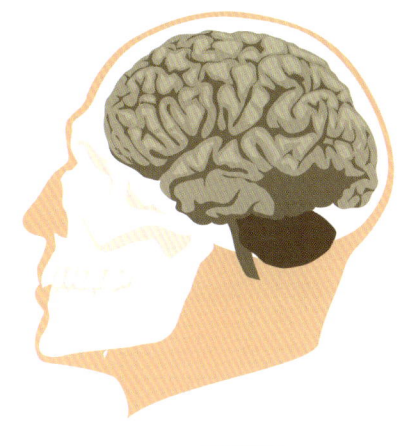

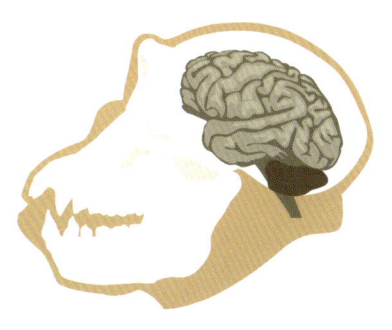

↑ 人类的脑容量是大猩猩的 3 倍，但是脑容量的大小不是语言发展的决定因素，声带也要进化到合适的程度。

够保存下来，但像大脑、舌头和声带这些软组织则无法留下任何线索。不过，我们依然可以从保存下来的证据中，反推出哪些是不可能的。

例如，早期人类的头盖骨化石中没有大脑化石，却留下了储存大脑的空间，从储存空间的容量，我们可以判断出早期人类大脑的大小。相对于身体，不断增加的脑容量在语言的发展中扮演着重要角色，我们最近的"亲戚"大猩猩的脑容量，只有人类的三分之一，相对来说，它们的大脑皮层也比人类的要小，而大脑皮层与解决问题的能力、认知能力

↓ 在20万年前，当人类进化为智人后就有了语言能力，但是这些智人何时开始使用语言，我们现在无从知晓。

语言解剖学

和语言能力息息相关。

既然大猩猩不能说话，而我们人类能够说话，其差异就一定是脑容量的大小和大脑的构造了，这种观点也有失偏颇。大脑脑容量的大小和大脑的构造是语言能力的必要条件，但不是充分条件。要想说话，进化完善的声道——从咽喉到唇部——也必不可少。

人类的进化

唇、舌以及其他肌肉

一些法医人类学家利用他们所掌握的人类和相邻物种的解剖学知识能够得出进一步的结论。例如，如果法医人类学家在某个节点处发现了骨质突起，他们就有理由相信有肌肉与之相连，当然在化石中，这些肌肉组织早已荡然无存。许多人都知道，利用复杂的数字技术，科学家们能够根据头盖骨还原出头盖骨主人生前的头像。通过这样的研究工作，我们可以清楚地知道 700 万年前的人类祖先嘴唇的厚薄程度是否适合语言发音。但是光知道这一点还不够，声带是产生语言的基础，并且可能早在 180 万年前的直立人时期就已进化完成。但除了从解剖学上可以确定现代智人在过去 20 万年的历史中是拥有声带的，其他都只能停留在推测阶段。

此外，气息的调控也是一个问题。黑猩猩通过控制呼气发出尖叫声，可以持续 5 秒钟左右，而人类则可以维持 5—25 秒。大约在 80 万到 20 万年前，这样的发音控制才第一次出现在现代海德堡人身上。除了人类，其他灵长类动物都无法达到这种水平的发音控制。

毫无疑问，对于语言来说，最为重要的器官就是舌头了。从鱼类、爬行动物类、鸟类到哺乳动物等，几乎所有的脊椎动物都有舌头。但是人类的独特之处在于，与舌头相连的舌骨位于喉咙深处。这意味着，人类的舌头更多的部分位于喉咙，而不像其他动物一样，大部分呈扁平状位于口腔之中。舌头在咽喉（喉咙上部靠近舌根处）中的这种布局方式使得人类能够发出更加广泛的声音。从咽喉到嘴唇，声道被有效地分成两个通道，第一个通道是从咽喉到声门（声带之间的空隙），第二个通道是从声门到嘴唇，舌头可以灵活控制通道的关闭程度。重要的是，如果两个通道长度相等，我们能够发出的声音也就最多。在现代智人之前的早期人类身

↑ 仅仅根据头盖骨，法医人类学家就能够还原出一个人的脸部特征，从而向我们展示 700 万年前人类祖先已经进化出的嘴唇。

上，我们没有看到这种构造已进化完成的迹象。

有迹象显示，我们的祖先早在 240 万年到 180 万年前的能人阶段，就已初步具备了语言能力。大约在 50 万到 20 万年前，现代海德堡人和尼安德特人就能够发出相当多的声音了。但要像现代人类一样发出如此广泛的语音，就得等到现代人类进化完成，时间大约是在 20 万年前。

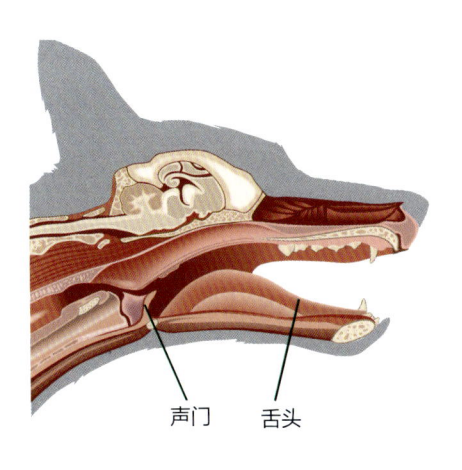

人类是从什么时候开始使用我们在古文献中看到的那些复杂的语言的，现在还不得而知。目前有据可证的最早的语言是古美索不达米亚语和古埃及语，时间为公元前 35 世纪左右。书面语言存在的前提条件就是先有可供记录的口语，因此我们有充分的理由认为，当书面语言出现的时候，口语已经存在了几十年、几百年，甚至几千年了。在本书后面的部分，我们会详细讨论书面语言。

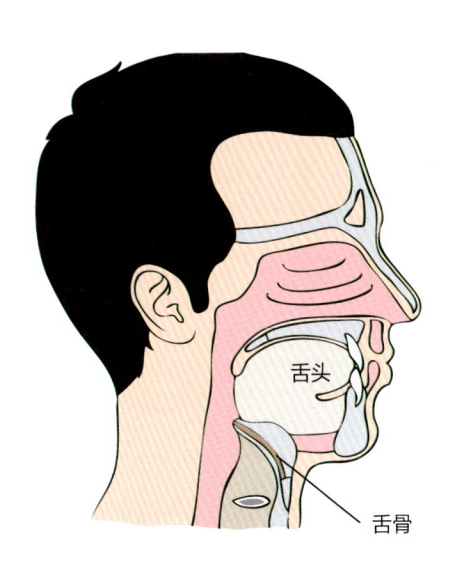

语言多样性之谜

对于语言学家来说，语言的演变是一个有趣的问题。第一批人类是否如非洲起源论所言，在同一个地方出现，还是在亚洲或非洲的某些地方多点起源、分别进化的呢？长久以来一直未有定论。如今第一种观点已逐渐占据主流。且不论真相如何，如果人类真的是从一两个地方进化而来，那么人类怎么会使用像爱尔兰语和汉语这样差异巨大的语言，且语言种类多达 7000 多种呢？语言的多样性难以解释，正如包含语言特征在内的文化上的多样性同样难以解释一样。我们只能推断，这可能是部落聚合或者分离的结果。原先导致人们聚群而居的原因，例如地理因素（如高山的阻隔）、安全因素（游离出族群去相邻的山谷就有可能被杀）逐渐失效。我们可以想象一下不同的种群四分五裂，迁徙到世界各地，虽然身体不再进化，他们使用的语言却在不断演变。

↑ 人类的舌骨与舌头相连，与其他哺乳类动物相比，人类的舌头大部分在喉咙内，而不是呈扁平状位于口腔之中。

人类的进化

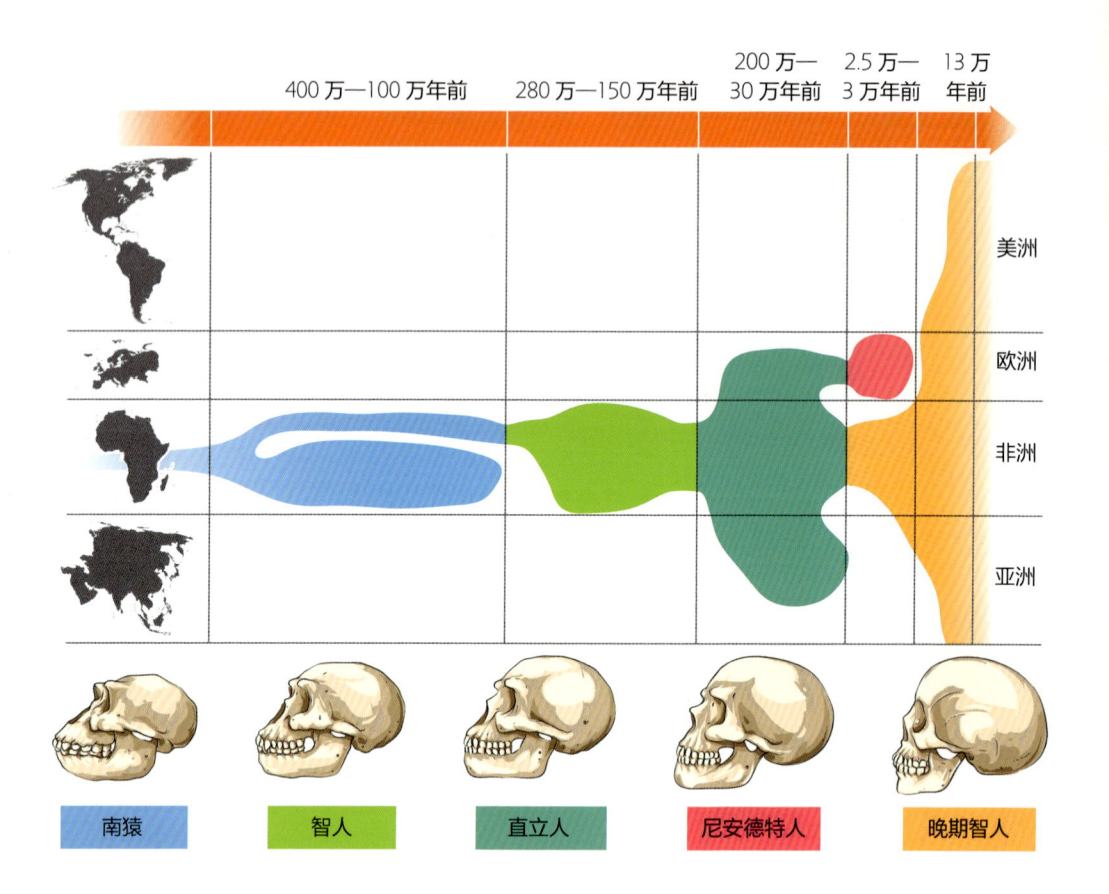

	400万—100万年前	280万—150万年前	200万—30万年前	2.5万—3万年前	13万年前	
						美洲
						欧洲
						非洲
						亚洲

南猿　　智人　　直立人　　尼安德特人　　晚期智人

↑ 上面的时间表展示了人类头盖骨的进化过程。这是一个名为"露西"的人的化石头盖骨，属于南猿类，和大猩猩的头盖骨大小相当。

注：书中地图均系原文插附地图

语言的构成

本章将带你揭开语言的引擎盖，了解语言的发动机。人们总以为，可以从不同的层面对语言进行分析，虽然报刊和社交媒体看似热衷于对语言进行分析，但意义有限。规则当然是必不可少的，比如在法国，人们开车总是靠右行驶，而在英国是靠左行驶。如果人人自行其道，难免伤及他人。从某种程度上讲，语言也是如此：交流能得以顺利进行，是因为群体内部一致遵守某些准则。

在本书中，我们不会越俎代庖，规定语言应该如何如何，而是尝试还原语言的本来面目。你可以详细检视构成语言的每一个单位——从语言的发音（语音学和音系学），到词汇的构成要素（形态学），再到单个的单词（词汇），最后则是语法和句法规则。

声音和语言

人类能够灵活运用其复杂的发音系统发出各种不同的声音，在灵长类动物中极为独特。

人类能够发出声音，关键在于喉部和头部发音系统的相互作用，前者主要是由喉腔和声带组成，后者是由咽腔（位于喉腔的上部）、口腔（也称作口）以及位于上部的鼻腔组成。

元音发音

喉腔中的声带受到动物神经系统的有效控制，可以连续快速地开闭，从而产生振动。当气息通过声带，通过的气流引起声带振动，语言学家称之为发音。如果气流通过口腔时，

咽喉中声带的振动

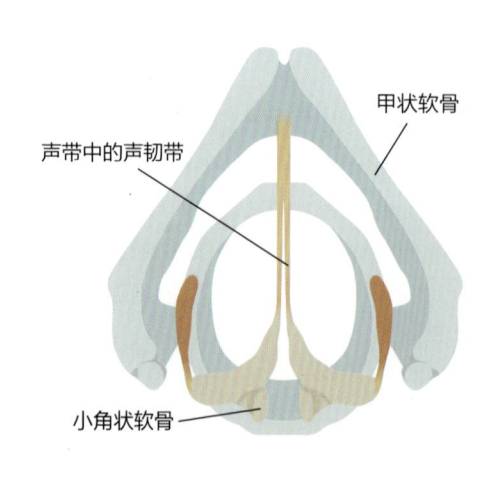

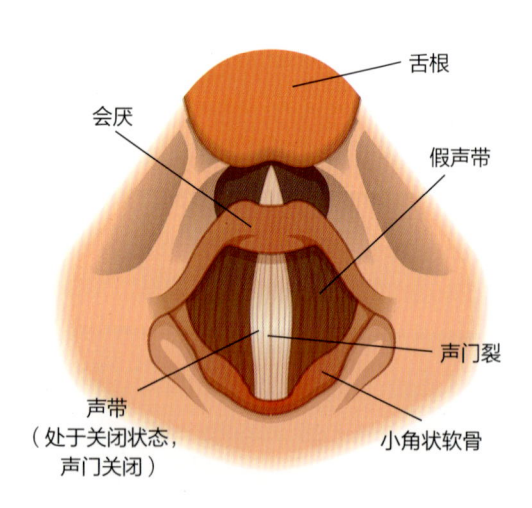

声带中的声韧带
甲状软骨
小角状软骨

舌根
会厌
假声带
声门裂
声带（处于关闭状态，声门关闭）
小角状软骨

语言的构成

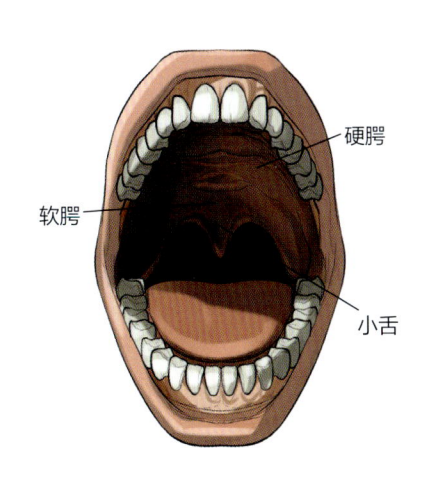

↑ 当软腭下垂，气流流经喉腔，从鼻腔冲出，发出元音，例如，法语中的"vin blanc"。

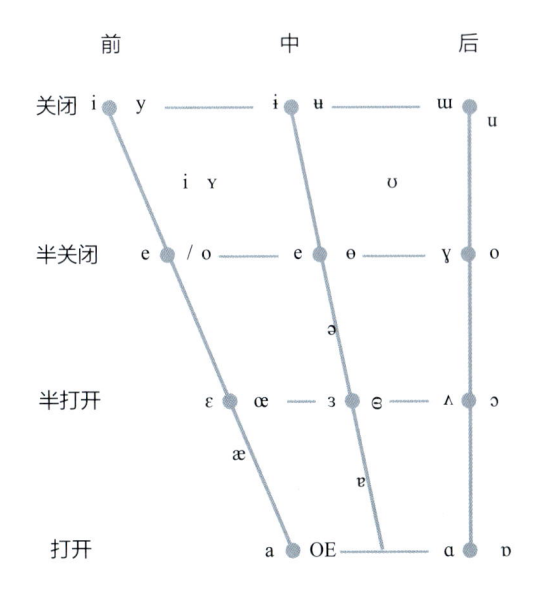

↑ 根据发音方式，上图标识了人类可能发出的所有元音。在所有成双成对的符号中，右边的符号代表圆唇元音。

没有受到明显的阻碍，发出的就是元音。你可以在家试试：把你的手背放在口腔前方，发出"wheel"中"ee"的声音，紧接着再发出"fast"中"a"的声音。在这两种情况下，你都会感觉到来自口腔的气流，如果你再把另一只手放在你的喉部，你可以感受到发音时产生的振动（喉部就位于喉结的上方，喉结男女都有，只不过男性喉结更加明显）。同时你还会注意到，在发第一个"ee"音的时候，口腔中舌头的前部是抬起的；在发第二个音"a"的时候，舌头则不用抬起，声音是从口腔后部发出的。现在，试试发出"cool"中"oo"的音，你会发现调节元音发音的另一个要素——比如要发出这个音，需要将嘴唇噘成圆形。语言学家们制定出一套完整的体系，在一张图上标识出人类可能发出的所有元音（见上图）。语

声音和语言

15

言学家们用不同的术语来描述这些元音，比如开／闭（舌位是高是低），前／后（口腔中舌头抬起最高的部位是前面还是后面），圆唇／非圆唇（嘴唇是否向前凸起呈圆形），等等。例如"ee"音就是一个前闭非圆唇元音，"fast"中的长音"a"就是一个后开非圆唇元音，"oo"则是一个后闭圆唇元音。在下一节中我们还将进一步详细探讨这个问题。

有些语言还有鼻元音，例如法语。来自喉部的气流没有通过口腔，而是经下垂的软腭阻挡后，从鼻腔中通过。人类口腔顶部的大部分区域都很硬，但是到口腔后部时逐渐变软，并受到肌肉的控制，就像一个开关，可以上抬，也可以下垂。当软腭下垂时，就会发出鼻音。在法语中，"vin blanc"这两个词的元音都是鼻元音。这个你也可以在家里试试：拿一张纸放在嘴唇前面，关闭软腭，然后说"unggg"，如果纸张抖动，说明你的发音方法不对；如果纸张一动不动，你发出的就是鼻音。关闭软腭，把手放在鼻孔下方，再次发出这个音，你会感到有一股气流从你的鼻腔中涌出。

辅音发音

当气流受到咽腔或舌头的阻碍时，就会形成辅音。如果气流完全受阻，你就发出了一个塞音，例如 /p/ /b/ /t/ /d/ /g/ /k/ /m/ /n/ 在英语中"span""ban""tan""Dan""man""nan"或者德语中的"Bad"（也就是"bath"），抑或法语中的"bon"（也就是"好"）发音时，你会感觉到，气流每次都受到了阻截。如果气流没有完全受阻，只是部分受阻，那发出的就是擦音，例如英语单词"fail""veil""sin""zone""think""shine"中的 /f/ /v/ /s/ /z/ /th/ /sh/ 或德语中的"voll"（满）和"Weiss"（白），又或者法语中的"fureur"（愤怒）和"vélo"（自行车），类似的例子还有很多。如果你阻住气流，然

常见辅音

双唇音	唇齿音	齿音	齿槽音
利用双唇发出的辅音，如 BuMP	利用上唇和上前齿发出的辅音，如 FaVour	利用舌头和牙齿发出的辅音，如 THing	舌头顶住牙齿与上颚的边缘发出的辅音，如 Tow

腭龈音	卷舌音	上腭音	软腭音
位于口腔内部，比齿槽音要深的音，如 SHeep	舌头微微卷起时发出的音，如 Real	舌头远离牙齿发出的音，如 Yet	从硬腭处发出的音，如 King

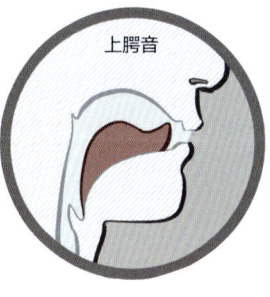

后再紧跟着发出一个擦音，就是一个塞擦音。英语单词"George"和"jeans"中的第一个音就是塞音 /d/ 和擦音 /zh/ 的结合。相比之下，法语中的"Georges"和"je"则是以擦音开头的。

根据发音方式的不同，辅音也可以分成不同类别，关键问题在于：1.是否发出声音？ 2.舌头与嘴唇、牙齿、齿龈

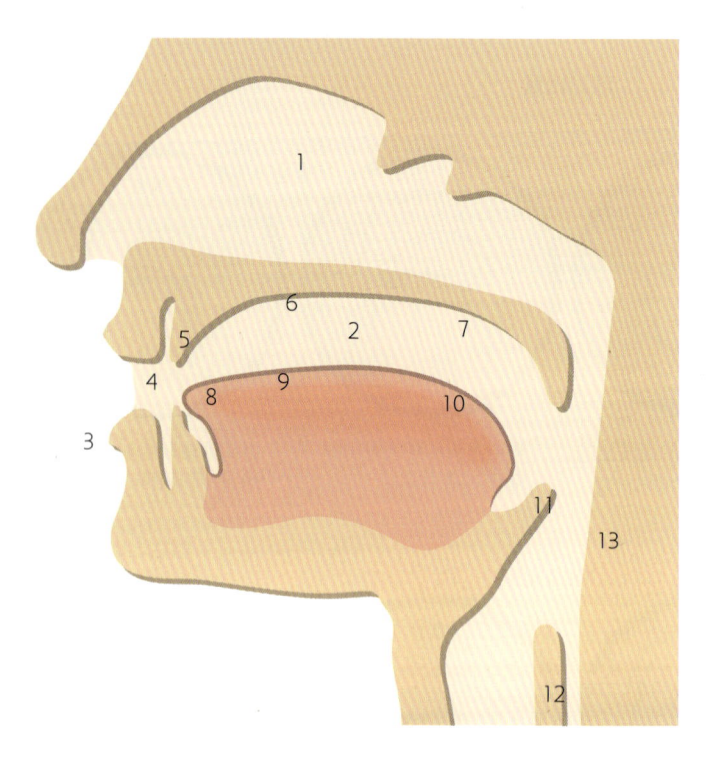

发音部位图

1. 鼻腔
2. 口腔
3. 双唇
4. 牙齿
5. 牙槽嵴
6. 硬腭
7. 软腭
8. 舌尖
9. 舌页
10. 舌根
11. 会厌
12. 声裂
13. 咽喉

（就在牙齿背面）、硬腭以及软腭的接触部位？ 3. 气流是否受到阻碍？

根据这个体系，我们就可以说"talk"中的"t"是一个清齿龈塞音，与之相对应的，"dark"中的"d"就是一个浊齿龈塞音。"vote"中的"v"是一个浊唇齿擦音（发音时唇齿接触），"foot"中的"f"则是一个清唇齿擦音。法语"tuile"（瓦片）中的"t"是一个清齿塞音，德语"dunkel"（黑暗）中的"d"则是一个浊齿塞音。借助发音器官的横切面图更容易理解：图中展示了英语、法语和德语的一些典型的发音方式和部位。可以看出，按照这样的方式可以发出很多不同的音，但人类语言中所使用的，只占其中很少一部分。

语言的构成

掌握细节

语音学是一门十分有趣的语言科学，能让你准确模仿外语的发音，听起来就像当地人一样。许多英国人根本就不知道法语单词"toilette"中的"t"是一个齿音（舌尖接触齿尖），因为在英语中，"toilet"中的"t"都是齿龈音。试试看，一切如此神奇。同样地，意大利人往往很难发出法语中的"un"，因为"un"在法语中是鼻元音，在意大利语中却不是。

↓ 学点语音学知识，这样你在说外语的时候听起来就会像当地人。

声音和语言

语音学

上一节中展示了人类的发音机制。而为了研究语音和记录语音,语言学家们一直以来所采用的且还将沿用下去的方法又有哪些呢?让我们一探究竟吧。

测定元音

在英国电影《窈窕淑女》(1966)中,男主角希金斯是一位语音学教授。而且,这位语音学教授一点也不谦虚,声称可以单从一个人的口音判断出这个人出生在伦敦的哪条街道。因此,当卖花女伊莉莎·杜利特尔出场时,这位语音学教授便欣然接受挑战,要改造伊莉莎·杜利特尔的口音,使其像上流阶层的人士一样谈吐自若。

影片的开头部分讲述的是教授和他的朋友皮克林上校在听录音。在我们听来,录音仿佛是一个人在医生诊室里作喉部检查时发出的"啊,啊,啊"的声音。而希金斯教授则不断变换舌头在口腔中的位置,发出不同的元音,并问皮克林上校:"你刚才一共听到了多少种不同的元音?"皮克林上校回答说:"我听到了24种。"希金斯教授说:"至少还有100种没有听出来。""不会吧?"皮克林上校有些不好意思。希金斯教授告诉皮克林上校:"准确来讲,你刚才听到了130种不同的元音。"并拿出一张发音对照表依次解释刚才的发音,皮克林上校听得目瞪口呆。

影片《窈窕淑女》根据萧伯纳的歌舞剧《卖花女》(1913)改编而成,片中希金斯教授的原型就是丹尼尔·琼斯,时任伦敦大学语音学系主任。前面我们曾介绍过,根据

↑ 在影片《窈窕淑女》中，语音学教授希金斯用一张图表向朋友皮克林上校展示人类可能发出的元音。

发音方式和发音部位的不同，可以把辅音分成不同的种类，而元音的分类则要困难得多。丹尼尔·琼斯明白，要发出元音，舌头的某些部位必须拱起来，这样一来，在发音时舌头的某个部位就必然会高于其他部位。丹尼尔·琼斯想确定发不同元音时，舌头的哪个部位是抬起来的。为了弄清楚这个问题，1917年，丹尼尔·琼斯来到了位于伦敦的圣巴塞洛缪医院。在这里，丹尼尔·琼斯在自己舌头上纵向放置了一串用小块铅片做成的链条（见下页图），然后发出不同的元音，再由特里维廉·乔治博士用X线拍摄他的头部。由于

X线无法拍摄出软组织，因此之前一直无法拍摄出舌头的位置，而这串小小的链条完美解决了这一难题。

八大基本元音

人类能够发出的潜在元音数量极其庞大，但其中大多数都不会出现在人类语言中。从科学的角度来讲，找出元音分类的方法十分重要。在这方面，琼斯取得了伟大的进展，即确定了八个基本元音。他将这八个元音定位在一个四边形上，四边形上的每一个点都大致对应着口腔中的某个部位，并且能够标识出在元音发音的过程中，舌头抬起的最高部位的位置，任何一种语言中的元音都可以在琼斯的发音表中找到相应的位置。有些元音可能与基本元音相吻合，而那些不

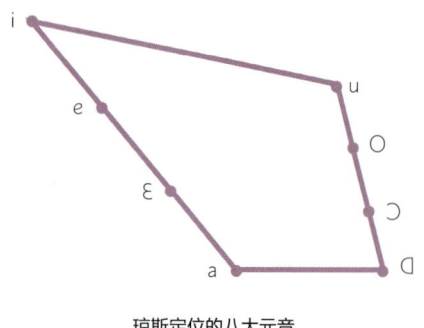

琼斯定位的八大元音

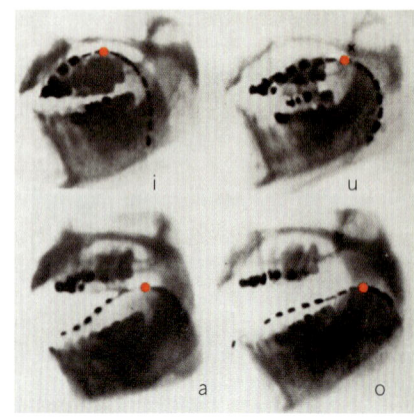

↑ 由于像舌头之类的软组织在X光片上显示不出来，琼斯利用了第一次世界大战前E.A.迈耶首创的一项技术，把一条铅链置于舌头之上。上图中的铅链清晰可见，这样就可以观察到舌位的变化。

现实生活中的希金斯教授——丹尼尔·琼斯

← 1910年前后，伦敦大学语音学系主任丹尼尔·琼斯为了准确定位人类发元音时的舌位，进行了这样一个实验：他用X光拍摄了一幅本人说话时的头像，并借助其他技术展现了舌位的影像。

语言的构成

一致的元音则可以根据已知元音的位置来进行定位，用小圆点标识出来。只要经过适当的训练，任何人都可以发出极近准确的元音。琼斯的元音图勾勒出了元音的基本发音轮廓，就像是一个容易识别的地标，其他元音都可以八大元音为参照，找到自己相应的位置。

测定辅音

在研究辅音的发音时，琼斯更喜欢使用腭位图。他让牙医严格按照实验对象的口腔尺寸制作出一副人工上腭，然后将人工上腭涂黑，再在漆黑的人工上腭涂上一层细细的白垩粉，接下来将其放入实验对象的口中。待实验对象发出一个辅音后，将人工上腭取出。发音过程中，人工上腭与潮湿的舌头接触的位置，白垩粉会被舌头粘掉。这种方法一直沿用至今，并且没有太多的变化，只是昔日的白垩粉为精密的电极所取代，一旦舌头接触到人造上腭，外接显示器就会收到信号，比使用白垩粉要更加快速准确，这种方法叫作电子腭位测定法。

现代语音学家们还喜欢使用另外一种方法来研究发音的实际过程——语谱图。语音学家们使用语谱仪来测定发音，语谱仪可以将发音的过程实时打印或显示出来，并将相关信息输出，形成语谱图。其中横轴为时间，纵轴为频率。每一个发音过程所耗费的能量都会以颜色的深浅显示出来。早在现代电子技术出现之前，这种方法就已经存在了。早期语音学家们使用的是波动曲线记录仪，记录仪上有一层薄膜，能够检测到声音的振动，同时记录仪上还有一个探针，可以把信息记录在一个旋转的圆筒上。

语音学家们需要一种尽量精确的书面体系，以将他们的研究结果清晰地展示给他人。使用普通的罗马字母标识语音

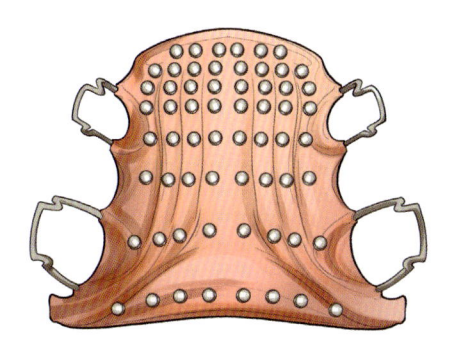

↑ 以前，人们使用涂满白垩粉的人造舌片来观察发辅音时的舌位。现在，人们用电极来观察类似的信息。

的细微区别十分困难。一方面，罗马字母在不同的语言中用法也不尽相同；另一方面，即使是同一种语言，由于方言之间的差异，也无法确保每个人都能辨识同一个语音。

国际音标

　　尽管由于各种原因，很难设计出一种一个符号只对应一个发音的书写体系，但如果我们抛开罗马字母，或许就能更接近答案。解决的办法就是使用国际音标（见下页图）。对于辅音，图表上标识出了辅音的发音部位，从口腔的前部到后部用横轴标识（双唇音、唇齿音、齿音、齿龈音、后齿龈音、卷舌音、上腭音、软腭音、小舌音、咽音、喉音），而发音方式用纵轴标识（塞音、鼻音、颤声、振音、擦音、边擦音、无擦通音、齿龈边音），其中又分为清音和浊音两类。限于篇幅，本书无法详细解释每一个发音，读者如有兴趣，可以到网上搜寻相关资料。

　　这种方法的优势在于，可以拼写出无穷无尽的发音，其中有些发音在许多语言中都有使用，例如齿龈清塞音 /t/，但英语中没有这一发音；有些发音十分罕见，例如齿龈清颤擦音，主要出现在捷克语的书面语中。表中还有一些空白的栏位，这是因为根据语言学家的推断，这些发音虽然可能存在，但是到目前为止还没有发现哪种人类语言有所使用（例如软腭颤音）。还有一些空白栏位以阴影的方式显示，那是因为根据语言学家的判断，以人类的身体条件，几乎不可能发出这样的音（例如鼻咽音，对于人类来说，如果咽喉和鼻腔通道都被堵塞的话，便不可能发出声音）。

国际音标（2015年修订）

辅音（肺部音）(consonants PULMONIC)

© 2015 IPA

	双唇音	唇齿音	齿音	齿龈音	后齿龈音	卷舌音	上腭音	软腭音	小舌音	咽音	喉音
塞音	p b			t d		ʈ ɖ	c ɟ	k ɡ	q ɢ		ʔ
鼻音	m	ɱ		n		ɳ	ɲ	ŋ	ɴ		
颤声	ʙ			r					ʀ		
振音		ⱱ		ɾ		ɽ					
擦音	ɸ β	f v	θ ð	s z	ʃ ʒ	ʂ ʐ	ç ʝ	x ɣ	χ ʁ	ħ ʕ	h ɦ
边擦音				ɬ ɮ							
无擦通音				ɹ		ɻ	j	ɰ			
齿龈边音				l		ɭ	ʎ	ʟ			

表格中右边的是浊音，左边的是清音，阴影部分是表示此音位不存在。

辅音（非肺部音）(consonants NON-PULMONIC)

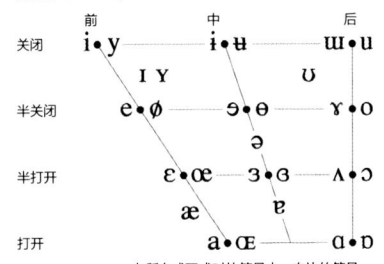

滴答声	浊内爆音	外爆音
ʘ 双唇音	ɓ 双唇音	ʼ 示例
ǀ 齿音	ɗ 齿音/齿龈音	pʼ 双唇音
ǃ (后)齿龈音	ʄ 上腭音	tʼ 齿音/齿龈音
ǂ 硬腭齿龈音	ɠ 软腭音	kʼ 软腭音
ǁ 齿龈边音	ʛ 小舌音	sʼ 齿龈擦音

其他符号（OTHER SYMBOLS）

ʍ 清唇软腭近音　　ɕ ʑ 龈腭擦音
w 浊圆唇软腭近音　　ɺ 浊齿龈边闪音
ɥ 浊圆唇上腭近音　　ɧ 同时发 ʃ 和 x 音
H 清会厌擦音
ʜ 浊会厌擦音　　破擦音和双发音可以在两个符
ʡ 会厌塞音　　　号中间加接半圆形括弧表示。　t͡s k͡p

元音（VOWELS）

```
         前        中        后
关闭    i•y ─── ɨ•ʉ ─── ɯ•u
         ɪ  ʏ           ʊ
半关闭  e•ø ─── ɘ•ɵ ─── ɤ•o
                 ə
半打开  ɛ•œ ─── ɜ•ɞ ─── ʌ•ɔ
              æ  
              a•ɶ       ɑ•ɒ
打开
```

在所有成双成对的符号中，右边的符号
代表圆唇元音。

超切分音位（suprasegmentals）

ˈ 重音
ˌ 次重音　　　　ˌfoʊnəˈtɪʃən
ː 长音　　　　　eː
ˑ 中长音　　　　eˑ
˘ 超短音　　　　ĕ
| 小类（音部）
‖ 大类（声调）
. 音节停顿　　　ɹi.ækt
‿ 连读（没有停顿）

声调和单词重音

音级		语调轮廓	
ő or ˥	超高	ě or ˇ	上升
é ˦	高	ê ˆ	下降
ē ˧	中	e᷄ ᷄	急升
è ˨	低	e᷅ ᷅	缓升
ȅ ˩	超低	e᷈ ᷈	升降
↓ 下降		↗ 一直上升	
↑ 上升		↘ 一直下降	

变音符号　在一些符号的上方可以放置类似于下降符的变音符。　ŋ̊

̥ 清音	n̥ d̥	̤ 呼吸浊音	b̤ a̤	̪ 齿化	t̪ d̪
̬ 浊音	s̬ t̬	̰ 咯吱浊音	b̰ a̰	̺ 舌尖化	t̺ d̺
ʰ 送气音	tʰ dʰ	̼ 舌唇化	t̼ d̼	̻ 舌页化	t̻ d̻
̹ 圆	ɔ̹	ʷ 唇化	tʷ dʷ	̃ 鼻音	ẽ
̜ 扁圆	ɔ̜	ʲ 腭化	tʲ dʲ	ⁿ 鼻除阻	dⁿ
̟ 向前	u̟	ˠ 软腭化	tˠ dˠ	ˡ 边除阻	dˡ
̠ 回缩	e̠	ˤ 咽化	tˤ dˤ		
̈ 集中	ë	̴ 软腭化或咽化	ɫ		
̽ 半集中	e̽	̝ 抬高	e̝ (ɹ̝ = 浊齿龈擦音)		
̩ 音节	n̩	̞ 下垂	e̞ (β̞ = 浊双唇通音)		
̯ 非音节	e̯	̘ 舌根迁移	e̘		
˞ 儿化发音	ɚ a˞	̙ 舌根回缩	e̙		

Typefaces: Doulos SIL (metatext); Doulos SIL (IPA Kiel) IPA LS Uni (symbols)

音系学

音系学研究语言中的发音现象，音素是指语言中出现的单个发音，而音位是指影响单词意义的不同音素。

一个英国人在说出"pin"这个单词时，会感受到第一个辅音伴随着一股冲出的气流，语言学家将其称作送气双唇塞音。但如果这个英国人在说"spin"这个单词时，没有气流冲出，或者冲出的气流明显减弱，这就成了不送气音。如果英语是你的母语，你可以这样试试，在你的嘴唇前放一张纸，然后说出这两个单词，观察这张纸是否振动。这时你会发现形成两种不同的音，即 /pʰ/ 和 /p/。

语言学家们把任何存在的音称为音素，并用方括号来表示。在上述的例子中，这一对音的区别并不是特别重要。如

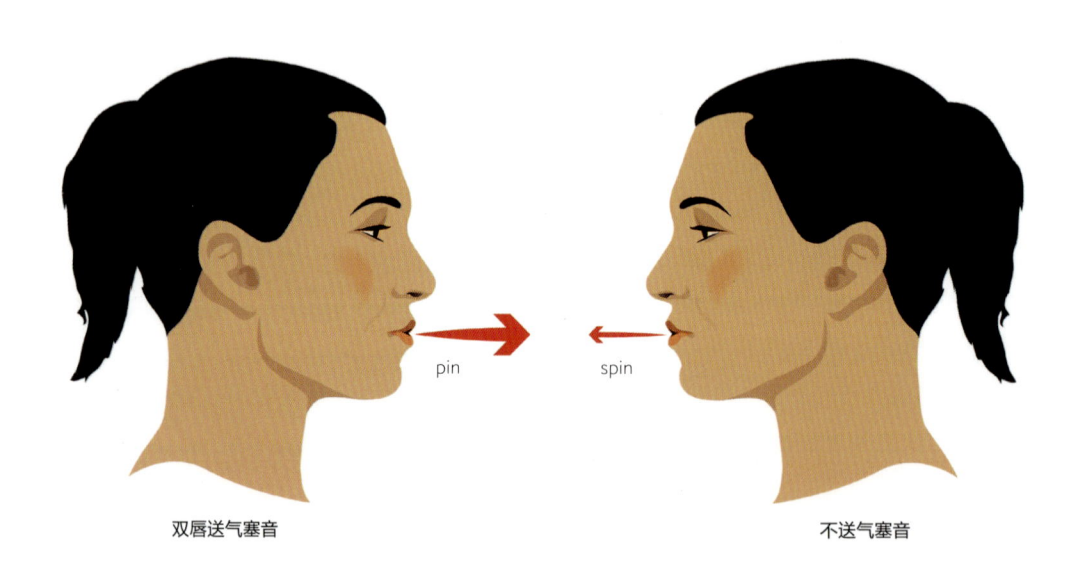

双唇送气塞音　　　　　　　　　　不送气塞音

→ 在法语中，区分清浊音十分重要，如果不能区分 pain 和 bain 这两个单词首字母的区别，就会导致意义上的混淆。

果一个外国人在说"pin"这个单词时，将送气音 /p/ 发成了不送气音 /pʰ/，本地人依然能明白他的意思。看看"keep"和"cool"这两个单词的第一个辅音。前者的发音位置是在口腔前部（硬腭），而后者的发音位置则在口腔的后部（软腭）。但是如果有人混淆了这两个音，问题也不大。

清音与音位

现在我们来看看另一个不同的语音特征：清浊音。前面讲过，清辅音在发音时声带不振动，而浊辅音则需要声带共振，因此 [pʰ] 是一个双唇清塞音，而 [bʰ] 则是一个双唇浊塞音。当它们出现在单词开头时，两个音都是送气音，因此区别不大。试着先说"pin"，再说出"bin"这个词。如果第一个单词发音时你将 /pʰ/ 换成了 /bʰ/，情况会怎样呢？你或许会困惑，因为你区分不了"pin"和"bin"了。同样，在法语中将"pain"（面包）和"bain"（洗浴）的发音区分开来也十分重要。所以，尽管英语和法语中，送气还是不送气对词汇的意义影响不大，清音和浊音的区别却意义重大，如果你忽视了清浊音的变化，便会陷入混乱的境地。

"pin"和"bin"通常被称作最小对立体。也就是说，只要改变一个发音，整个词汇的意义就会发生变化。在英语中，语言学家认为，清浊音在英语中具有音位特性，也就是说，不仅仅是发音发生了变化，对意义也产生了影响。所有那些能在最小对立体中导致这种差别的音组成了英语的音位体系。音可以指离散的语音，而音位则是会对单词意义造成影响的语音。音书写在方括号内，而音位是写在两条倾斜的竖线之间。无论你发出的是 [phɪn] 还是 [pɪn]，英国人都会把它们当作同一音位 /p/ 的变体，不管你说的是 [kɪ:p]（就像英语单词"keep"），还是 [ku:l]（就像英语单词"cool"），英国人都会认为这两个音不过是音位 /k/ 的变体。

在不同的语言中，音位具有不同的特征。例如，在古希腊语中，你发出的是 [p] 还是 [ph] 便至关重要，因为这会导致意义上的差别，千万不能混淆。在古希腊语中 /p/ 和 /ph/ 是不同的音位；而在英语中，则只有 /p/ 一个音位，不过是在单词词首时发成 [ph]，在其他位置则发成 /p/。如果两个不同的音是同一个音位的变体，只是根据语音环境的不同有所变化，那么这两个音就可以称为音位变体。在希腊语中，/p/ 和 /ph/ 这两个音就不属于音位变体。

辅音丛

如果一个阿拉伯人问你如何去英国伦敦的威斯敏斯特教堂，他会把威斯敏斯特发成"威斯迷你斯特"，也就是说，他会在一个本应没有元音的地方塞进一个元音。这种情况其实事出有因。阿拉伯语中并没有"-nst-"这样的辅音丛（辅

音位变体

在德语中，音位变体的经典实例要数"ich-Laut"和"ach-Laut"的区别了。位于前元音之后，例如"ich"（主格的我）和"mich"（宾格的我）在实际发音中，这些音都是硬腭清擦音，在国际音标表中用 [ç] 标识。但是，如果处于一个后元音之后，例如在"Buch"（书）和感叹词"ach"（哦）中，他们就得发成软腭清擦音或发成 [x]。

音丛是指两个或两个以上的辅音连续粘连在一起），而且，在阿拉伯语中，你找不到由三个辅音字母组成的辅音丛。阿拉伯语中，两个辅音字母可以放在一起，但是三个辅音字母则绝对不行。因此"Mustafa"这样的名字是可以的，而"*Munstafa"就不行（星号 * 表示该语言形式不存在）。

在西班牙语中，单词不能以"*st-"或"*sp-"开头（除非这些词汇是借用自其他语言）。因此，像英语的"stupid""splendid"、法语的"stupide""splendide"这样的以 st 开头的单词，在西班牙语中却需要变成"estúpido""espléndido"这样的形式。不过，在这方面，法语和英语也并不完全

↓ 从下图的德语、意大利语、英语和波兰语可以看出，不同的语言词形各异。

一致，英语中可以有"study"这样的单词，法语中却是"étude"，因为这个单词是由原来的"*estude"演变而来。英国人可以说"spine"（尖锐的东西），法国人却得用由"*espine"演化而来的"épine"。

音节和语音结构

任何语言都有一套内在的规则，规定哪些语音序列是允许的，哪些是不被允许的。这些规则被统称为音位配列规则。相比于那些表面特征，比如一门语言的音位总量和音调模式，音位配列规则从更深层次上决定着一门语言的特征形态和心理感受。稍稍思考一下不同的语言中单词的总体形态，便能直观地感受到这一点。比较一下椅子、朋友、强壮的、牙齿、天气这些词在不同语言中的表达。比如，英语中的"chair, friend, strong, tooth, weather"和德语中的"Stuhl, Freund, stark, Zahn, Wetter"；再比如，意大利语中的"sedia, amico, forte, dente, tempo"和土耳其语中的"iskemle, arkadaş, kuvvetli, diş, hava"以及波兰语中的"krzesło, przyjaciel, mocny, ząb, pogoda"。最为明显的特征并不是词根的不同——"friend"和"Freund"这两个单词明显是有所关联的，"arkadaş"和"przyjaciel"却毫无相似之处——而在于形态上的巨大差异。意大利语中的词汇结构轻快，这在某种程度上是受意大利语音调模式影响的结果，同时也是意大利语音位配列规则的产物。英语和德语中有许多听上去就很"无精打采"的词汇，例如，"strong, stark, tooth, Zahn"。至于西班牙语，前面我们讲过，词汇不能以"*st-"作为开头。上面我们所讲的"形态"主要是指音节的形式。我们很难给音节下定义，但是如果我告诉你英语单词"potato"是由三个音节组成的，分别是"po - ta - to"，那么就相对容

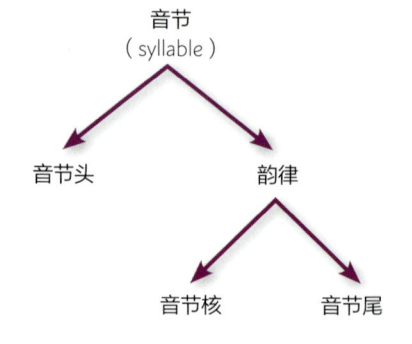

↑ 音节可以独立存在，也可以与其他音节组合成一个单词，如果是组成单词，那么单词的组成部分就是音节了，音节再可以细分为不同部分，如上图所示。

易理解了。一个完整的音节由音节首和韵组成。例如英语单词"spin"中的 [sp] 是音节首，[in] 是韵。韵又可以分成音节核（在上例中是 [i]）和音节尾（在上例中是 [n]）。在英语中，一个音节不一定必须有音节首，像"in, on, up"这些单词都没有音节首，只有韵。像"eye"这样的单词甚至只有音节核——这与拼写无关，这个单词中只有元音 [ai]，没有音节尾。同样地，意大利语中的"è"（它是）、英语的"a"和拉丁语的"ī"（走！），都是只有音节核的单词。

与之相比，在阿拉伯语中，每一个单词都必须有一个音节核，任何一个单词——不管这个单词有多长——都不能以元音开头。让我们来看看阿拉伯语单词"'ana"（I），对外国人来说，这个单词不管是看上去还是听上去，都好像是以元音"a"开头的，实际上却不是，这个单词以喉塞音开头——一个由于气流在声门，即声带的缝隙处受阻而形成的清塞音（比如德语中的"der Adler"，意即"老鹰"）。在国际音标中，喉塞音是用 [ʔ] 来标识的。在英语书写中是用"ana"前面加一个撇号即"'ana"来标识，在阿拉伯语中（见下图）则是用字母"'alif"（下图中垂直的字母）以及所谓的"hamzat al-qat"（"'alif"上方的符号，看上去像一个镜子中的 2，即"ء"）来标识。

أنا

阿拉伯语的这一独特发音，与英语和意大利语完全不同。

如果一个音节没有音节尾，就可以称之为开音节。英语的"po-ta-to"、意大利语的"a-mi-co"、波兰语的"o-bo-ra"，

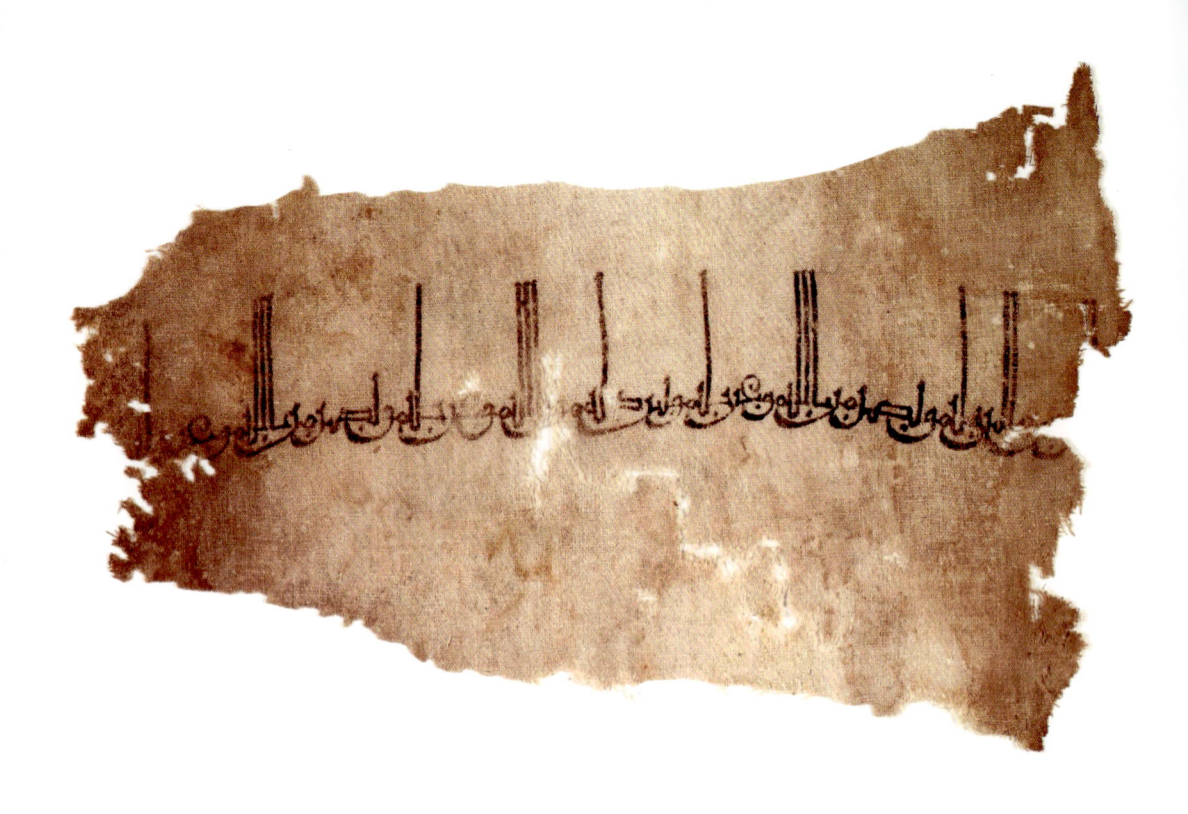

这些单词中的每个音节都是开音节。在意大利语中，大多数的音节都是开音节，波兰语却不同。像"strands"这样的英语单词不仅有音节首、音节核、音节尾，在开头和结尾还有辅音丛。如果我们用 C 来表示辅音，用 V 来表示元音，这个单词就可以表示为 CCCVCCC。英语中一个音节尾最多允许有四个音，例如"glimpsed"可以写成 CCVCCCC（通常不考虑其拼写，其发音为 [glɪmpst]）。

日语则有着完全不同的结构。日语中大部分的音节都没有音节尾，即使有，也是因为附近有元音，后面往往紧跟着一个双辅音（作为一个音节的音节尾和下一个音节的音节首），或者一个鼻辅音。《世界人权宣言》日文版的第一条是这样的（用罗马字母转写，单词内用字符号表示音节界

↑ 上图是提拉，制作于公元 10 世纪，是一种伊斯兰织物，上面可以书写文字。

限）："Sube-te no nin-gen wa, u-ma-re-na-ga-ra ni shi-te ji-yū de a-ri, kat-su, son-gen to ken-ri to ni tsui-te byō-dō de a-ru. Nin-gen wa, ri-sei to ryō-shin to o sa-zu-ke-ra-re-te o-ri, ta-gai ni dō-hō no sei-shinn o mot-te kō-dō shi-na-ke-re-ba na-ra-nai."（人生而自由，在尊严和权利上一律平等。他们富有理性和良心，并应以兄弟关系的精神相对待。）你可以体会出这句话中的大多数音节都是开音节，仔细计算一下，你会发现85%的音节都是开音节。这是英语、德语、法语、土耳其语、阿拉伯语和俄语都不具备的特色。

音响层级

决定音节形态还有另外一个重要因素，即每个音的音调响度，比如元音就比辅音要更加响亮。你可以试试，发"a, o, u"这些音，再试试发"p, t"这些音。元音可以传得更远，任何一名有经验的歌手都明白这个道理。语音可以归入不同的层级，语言学家们称之为音响层级。这一研究方法广泛适用于各种不同的语言，只是在不同的语言中权重有所差异。具体情况可参照下页以英语为例的音响层级分级表。

一般来讲，人们认为一个音节的音节核应该是元音或者半元音。比如在 ich bin müde [ıç bın my:də]（我累了）这一德语句子中，所有的单词都有元音作为音节核，其中最后一个单词由两个音节组成，并且都是以元音为音节核。在捷克语中，像"Brno"这样的地名单词看起来很难发音，但是这个单词也是由两个音节组成的："Br-no"（[br-noʊ]）。其中的 r 被视作一个半元音，因为这个音不仅具有某些元音的特性，同时还兼有辅音的特性。到实际应用时，它就会揭开自己的神秘面纱，充当元音或辅音。它可以在音节中发挥音节核的作用，而且有自己的特性。例如，它的发音虽不如"Bruno"

的发音响亮，但仍保有一个可以发音的音节核。英语中也有类似的音节共振音，例如，"apple"和"button"——像往常一样，不要在意单词的拼写——两个单词的发音分别是 [æpl] 和 [bʌtn]，第二个音节的音节核都不是元音，而分别是 l 和 n。在英语中，这样的语音序列有足够的响度，并为规则所允许。

现在想象一下，假如给你三个音，"p, l, a"，并让你把这三个音组合成一个音节。你很有可能会组合成现实中本就存在的单词，例如"pal, lap, alp"，像"pla-"这样的组合虽不能独立存在，却可以用于"planet"之类的词汇中。*lpa 这样的组合在英语中则是不允许的，你不能用"p"

↓ 声音可以根据发音功率依次排列，这幅插图显示的是英语字母的音调响度。

34

语言的构成

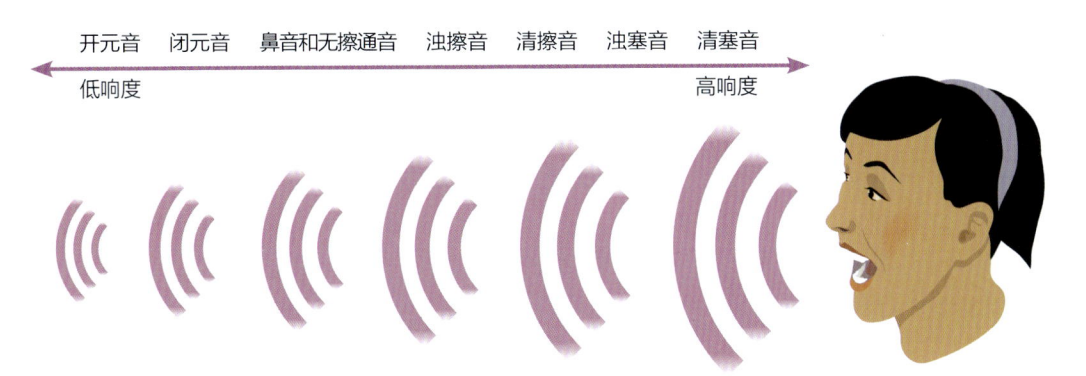

开元音　闭元音　鼻音和无擦通音　浊擦音　清擦音　浊塞音　清塞音

低响度　　　　　　　　　　　　　　　　　　　高响度

声道受限，周期不强，音力度不大　　　　　　　　　　　　声道不受限，周期强，音力度强大

充当一个音节的音节核，因为这个音不够响亮。同样地，"trans"这样的组合在许多语言中是合乎规则的，而"*rtasn"这样的组合则是难以想象的。之所以如此，是因为排序原则规定发音越响亮的成分就越应当靠近音节核，而发音响度不够的成分则应当放在音节的边缘，这样一来，音节就像是一个中间隆起的陡坡。

TRANS

而不是

TRANS

这一原则的适用范围虽广，但并非放之四海而皆准。在柏柏尔语方言"Imdlawn Tashlhiyt"中，就有 tftktstt 这样的单词组合，意思是"你把它扭伤了"。语言学家把这个单词分成三个音节"tf.tk.tstt"，这样一来，你就会发现它们分别是由"f, k, s"作为音节核的，这在世界上大多数已知的语言中都是极为罕见的，但其中只有第二个音节违反了排序规则，因为"k"和"t"的发音响度处于同一级别。

音系学

形态学

什么是词？似乎谁都知道答案，但是要给单词下一个准确的定义实际上十分困难。

你也许会说这页纸上全是词，由一些黑色字组成，前后都有空格。许多语言学家也许会说，单词就是口语或书面语的最小单位，可以独立存在，而且具有一定的意义。德语单词"Pferd"（马）就是一个很好的例子，同样作为单词，"das"（定冠词）的功能却是表明跟在它后面的单词意义是确定的，而不是飘忽不定的。前面我们已经讨论过能够区别意义的最小的语音单位（音位），现在我们来看看最小的意义单位。可以看到，尽管词是可以独立存在的最小单位，但很多词本身还可以分解成更小的单位，它们虽不一定能像词那样独立存在，但也确实各有其意义。

长单词和合成词

在开始讨论这个问题之前，我们先来看看一些语言中的长单词。"Antidisestablishmentarianism"常常被认为是英语中最长的单词（暂不讨论是否果真如此）。德语单词"Donaudampfschifffahrtselektrizitätenhauptbetriebswerkbauunterbeamtengesellschaft"被《吉尼斯世界纪录大全》收录为世界上最长的德语单词，意思是"多瑙河汽轮电气服务行政管理处总部下属机构官员协会"。除了在专门讨论长单词的场合下，我们一般很少用这样的长单词。在晚会游戏中，我们可能会用到"Llanfairpwllgwyngyllgogerychwyrndrobwllllantysiliogogogoch"这样的威尔士单词，意思是"红岩洞兰提西里奥湍急漩涡附

↑ 这个由80个字母组成的机构名称只是存在于吉尼斯世界纪录名录中，并没有在德语字典中列出。德语在日常生活中使用的最长单词是Kraftfahrzeug-Haftpflichtversicherung（机动车责任险），一共有36个字母。

近白榛树林山谷中的圣马利亚教堂"，作为火车站的站名，这个名字简直无比响亮。

但是不管这些词有多长，它们依然只是词，只是话语中的一个单位，而且在句子中可以用X来代替，例如在"Do you know anything about X？"这句话中，"X"可以是"golf"，也可以是"antidisestablishmentarianism"，甚至是那个有着长长的名字的威尔士火车站。在土耳其语中，也有一个长单词"avruplılaştırılamıyanlardansınız"，意思是"你是不能被欧化的人之一"。它不仅是一个单词，还是一句话，你得先深呼一口气，说出这个单词，然后再说下一个单词。不过与上文中那个问句不同，在这个例子中，你不能用X来替代它，这是因为土耳其人把其他语言中需要用整句话来表达的含

形态学

LLANFAIRPWLLGWYNGYLLGOGERYCHWYRNDROBWLLLLANTYSILIOGOGOGOCH
Llan-vire-pooll-guin-gill-go-ger-u-queern-drob-ooll-llandus-ilio-gogo-goch

↑ 19世纪60年代，人们给威尔士一个村庄起了一个名字，自此，当地火车站就成了英国境内最长的站名，或者说标记。但当地人都称之为"Llanfair"，或者"Llanfair PG"。

义，压缩成了一个单词。

  这些奇特的语言现象为百科知识问答的出题人提供了丰富的素材，但是同时也带来了一个个严重的问题。事实上，德语和威尔士语的例子就相当直截了当：在这两种语言中，他们把一些可以独立存在的词糅合成了一个可以独立存在的复合词，而这在土耳其语的案例中则行不通，因为组合成这个单词的各个部分并不能独立存在。

  在德语中，词的组合现象十分普遍。你可以将"Rathaus-balkon"当成一个单词来使用；而在英语中，则是用"town hall balcony"（市政大厅阳台）三个单词来表示，不管是听上去还是看上去，这都像三个独立的单词，却是放在一起作为一个整体来使用的，从效果上来讲和德语十分相似，所差的不过是最后一步——将这些单词在书写时连接起来。我们姑

38　　　　　　　　　　　　　　　　　　　　　　　　　　　　语言的构成

且把这些词称作伪合成词。在英语口语中，这些伪合成词听上去就像是一个连续的单词。像"Post Office Savings"这样的词组在发音的过程中很少有停顿，听起来就像是一个单词——"Postofficesavings"；但在法语中，这种情况就另当别论了，你不得不把"the town hall balcony"说成"le balcon de l'hôtel de ville"——"市政大厅"必须是"市政'的'大厅"，"市政大厅阳台"必须是"市政'的'大厅'的'阳台"。在英语和德语中通过并列把几个词合成为一个词的做法，在法语中却行不通，词与词之间必须要用黏合剂"de"（的）来连接，哪怕付出重复好几次的代价。

词素

"Rat""Haus"以及"Balkon"作为单词可以独立存在，意思分别是"市政""房子"和"阳台"，而英语单词"antidisestablishmentarianism"就较为复杂了，其中的"anti-""dis-""-ism"不能作为单词独立存在。在法语中，"tricher"的意思是"欺骗"，而"tricheur"是指欺骗的人，其中的"-eur"不能独立存在，只是用来指代实施某个动作的人。在英语中，动词"conduct"和名词"conductor"，分别指某个动作和实施这个动作的人。你也可以在名词后面加上一个尾巴，例如，"violin"可以变成"violinist"。像"-eur""-or""-ist"这样的成分是有意义的单位，虽然比单词要小，对于复合词的构成和单词的意义来说却必不可少。

所有这些例子都可以称为词素，用"-ist"这样的词素创造出一个全新的且意义有所关联的词，便是派生形态的一个实例。而通过"-ed"这样的词素标记过去时（dream：dreamed）的形式则属于词语的屈折变化。不能作为单词独立存在的词素叫作黏着词素，而能够独立存在的词素则称之

小提琴　　　　　　　　　　　　　　　　**小提琴演奏者**

↑ 词素是最小的意义单位，可以附着在动词或名词后面，从而形成一个与之有关的新词。词素不能独立存在。

为自由词素，比如德语中的"Buchhandlung"（书店）或者英语中的"doorman"。

英语中最为明显的黏着词素可能要数复数形式标记"s"，例如"cat—cats""dog—dogs""house—houses"。当然，在这个例子中，你也可以体会到音系学对单词发音产生的影响——词素的拼写没有变化，却有三种不同的发音：在"cats"中发 [s]，在"dogs"中发 [z]，以及在"houses"中发 [iz]。根据名词中最后一个音的不同，名词复数形式的发音也会相应变化（语素变体）。这是音系学和形态学相互交叉融合所形成的新学科——形态音位学的实例之一。

我们在英语动词结尾处也可以看到"-s"这个词素。与其他语言相比，英语的动词形态相对简单，例如，"I speak""you speak""she/he speaks""we speak""you speak""they speak"。所有这些形态，除了用在"he"（第三人称单数）后面的情况之外，无论发音还是形态，全都相同。而在法语中，我们可以看到许多不同的形态，比如"je parle""tu parles""il parle""nous parlons""vous parlez""ils parlent"。法语的动词形态要更加复杂，但是我们依然可以把"-e""-es""-e""-ons""-ez""-ent"视作安放在主动词词根"parl-"后面的词素。

  不过，这些词素并不一定总是添加在单词的末尾。在德语中动词"kaufen"·（买）的过去分词"ge-kauf-t"不仅在原动词的后面添加了"-t"，还在前面添加了"ge-"。添加在单词前面的叫前缀，添加在单词后面的叫后缀。前缀和后缀统称为词缀，即一个单词上的附加成分。

  还有一种词缀叫中缀，中缀不是位于词头或词尾，而是出现在单词的内部，在 CVXC 这个例子中，X 就是中缀。在古希腊语中，词根"lab-"的意思是"带走"。它的过去式"他拿走了"就变成了"elabe"。但是这个单词的现在时态则含有两个中缀，"他拿走"需要写成"la-**m**-b-**an**-ei"。为了更加直观，这里我们特意加粗了两个中缀。

元音变换

  英语中的"sing，sang，sung"是怎么回事呢？你可能会以为，"-i-""-a-""-u-"都是词素，用以表示不同的形态，与之类似的还有"sink，sank，sunk"，看上去似乎有几分道理，但是我们为什么不用"think，*thank，*thunk"，而是用"think，thought，thought"呢？为什么另外一个动词"thank"的过去式后面会加上一个 [t]（写作 -ed）变成"thanked"呢？再看看"seek，sought""think，thought"，或者"take，took"，这就是元音变换的秘密了。在其他语言中也同样存在类似的现象，例如德语中的"werben"（做广告），及其第三人称单数形式"wirbt"（他/她做广告），过去式"warb"（他/她做过广告），以及过去分词"geworben"（做了广告），其中的词根虽然复杂，却可以从整体上看作一种形态标记，只不过是通过元音的变化来实现的，与"-ed"这样的独立语素完全不同。

你会发现，一个单词中可能既有元音变换的现象，同时也存在黏着词素。在古希腊语中，"leip-o"的意思是"我现在离开"，其中的"leip"被称作现在时的词根，而"-o"

↓ 与法语相比，英语词汇词尾变化较少，因此词汇形态学也相对简单。

je parle
I speak

tu parles
you speak

il parle
he speaks

nous parlons
we speak

语言的构成

则表示"我要实施某项行为"（不是你，不是他，也不是他们）。相应的，"lc-loip-a"的形式则表示"我已经离开了"。很容易就能看出，将"e"替换为"o"之后，"leip-"和"-loip-"的意义也出现差别，类似于英语中的"get"和"got"。这种差别就是元音变换——也就是所谓的"e"级元音系统和o级元音系统——带来的。至于"le-loip-a"中的"le-"，则被语法学家们称之为词素重叠，这个词素表达的是"我们正在讨论已经发生过了的事情"（完成时），而不是"正在发生的事情"（现在时），而表达正在执行某个行为的人是"我"（不是他、她，或者他们）这一事实时，则需要使用"-a"，而非"-o"。这也是用来标记完成时的另外一个词素。一般过去时的形式则是"e-lip-on"（我离开了）。你可以清楚地看到这个单词中心处的词素是"-lip-"，而不是"leip-"或者"-loip-"。这种情况被称为零级元音系统。在古希腊语中，元音变换有三种选择，分别是"e""o"和不变换（也叫零变换），"-i-"是单词（lip）下属的基本词根的一部分，不参与元音变换。前缀"e-"是一个表示过去时的词素，"-on"则是我们遇到的第三个用来表示"动作的执行者是'我'"的词素。

词尾变换

法国歌手雅克·布雷尔演唱的 *Rosa* 曾让拉丁语的词尾变换流行一时。在这首歌中，他展示了"Rosa"一词的各种形式，"rosa, rosa, rosam, rosae, rosae, rosa, rosae, rosae, rosas, rosarum, rosis, rosis"。这些词汇都是由"rosa"一词变换而来，意为"玫瑰"。不过，除了折磨一代又一代的学生之外，这些形式又有哪些意义呢？

下页的表格清晰地表明，这一系统存在含糊不清之处。

比如"rosae"这一词形可以担任四种角色,要搞清楚其确切含义必须依赖语境。

意大利语中没有类似的拉丁词尾变换体系,不过仍能找到相似之处。比如"donne"一词,仅从表面上很难确认这个词的形态,它可以是某个单词的单数形式,就像"amore",它的复数形式是"amori";它也有可能是"donna"一词的复数形式,实际上后面的这个猜测是正确的。因此,意大利语又被称作词范式语言(拉丁语、希腊语,以及其他许多语言都属于这一类),这些词有各种各样的词

↓ 在学习拉丁语时,必须记住词尾变换形式,别无他法。

语言的构成

这些词不断变换词尾，目的就是为了说明一个词在一句话中的不同语法角色，用下图很容易就能说明这一点。

ROSA	主格	表示句子的主语
ROSA	呼格	表示说话的对象
ROSAM	宾格	表示句子的宾语
ROSAE	属格	表示所有
ROSAE	与格	表示某个动作是为句中名词所做，如：He bought some fertilizer for the rose.
ROSA	离格	表示某个动作是由句中名词做出，如：She killed the prince with a rose dipped in poison

ROSAE	主格	如上所示，但所涉及的名词不止一个
ROSAE	呼格	
ROSA	宾格	
ROSARUM	属格	
ROSIS	与格	
ROSIS	离格	

形态学

尾变换，但是有多种意义，只参照词尾变换很难准确判断其语法范畴。土耳其语则完全不同，它的每一个词素都只有一个意义。

不同语言中的词素

我们已经看到，英语、法语、拉丁语、古希腊语和德语中的单词可能是由几个词素构成的。一种语言中的词素和单词比是语言属性的重要指标。在古汉语中，这个比例是1∶1，汉语中所有的句子都是由自由词素构成，这样的语言被称为孤立语。词素和单词比例较高的语言则被称为合成语，合成语又可以进一步分为屈折语和黏着语。

在屈折语中，一个黏着词素可以同时包含许多语法事

↑ 根据词素与单词的比例，世界上所有的语言都可以分成孤立语和合成语。

46　　　　　　　　　　　　　　　　　　　　　　　　语言的构成

实。因此在法语中,"donnai"表面上只能表示"I gave",但是许多语法信息都包含在后缀"-ai"中,比如动作发生在过去,而不是现在;语态是主动而非被动;是第一人称复数并且是陈述语气。但是"-ai"也会在其他形态中出现,例如表示将来的"donnerai"(我会给),还会以原形出现在"j'ai"(我有)中。在拉丁语中,"salvo"的意思是"我储蓄",词尾"-o"告诉你这句话的语法信息是第一人称、单数、现在时、陈述语气,并且为主动语态。但是拉丁语词素"-o"还有其他的功能:它还可以用来表示某些名词和形容词阳性第三人称单数的与格和离格。

黏着语则大相径庭,它由一系列只有单一功能的黏着词素构成意义。土耳其语和日语就是典型的黏着语。在土耳其语中,你可以给一个基本单词附加上一系列的黏着词素,这些黏着词素无论出现在哪里意义都是固定不变的。比如"oyma"(雕刻),"oyma-cı"(雕刻家),"oyma-cı-lar"(许多雕刻家),"oyma-cı-lar-ım"(我的雕刻家们),"oyma-cı-lar-ım-ız"(我们的雕刻家们),"oyma-cı-lar-ım-ız-dan"(来自我们的雕刻家们)。

英语和汉语虽迥然不同,却仍有一点相同之处,那就是很少或者没有屈折变换,因此语序十分重要。在英语中,我们说"three dogs",而汉语中只要把"三只"和"狗"依次表达出来就可以了,没有必要把"狗"改为复数形式。无论在英语还是汉语中,你都不能把这个短语说成"狗三",因为词序规则不允许这样做。在拉丁语中,你就可以变换词序,因为有词尾变换的存在,无论说成"tres canes"还是"canes tres"都不会导致意义上的含糊。在法语中,你可能会说"Jean tira sur le pianiste"(约翰射杀了钢琴家),但是如果你将其说成"Le pianiste tira sur Jean",意义就完全相反了。在古希腊语中，你可以调换主语和宾语的位置，而不会产生意义上的变化，"basileus eide doulon"和"doulon eide basileus"这两句话的意思都是"国王看见了奴隶"。

中文

英语

拉丁语

↑ 与英语截然不同，表示复数时，中文不必变换词形，但是两种语言中，数词都必须前置；而在拉丁语中，词序可以随意变换。

相似的物体可以有相同的名称，不同的物体名称一定不一样。

——雷纳多·布龙菲尔德（Leonard Bloomfield）

词库

> 词位是一个单词的根本形式，也就是说去除前缀、后缀和各种语法形态后最为基础的词形。一种语言中所有的词位统称为词库。

翻开一本字典，你会发现被解释的词多是用粗体字标识，而释义则用普通体，编纂字典的人叫作字典编纂者，用粗体字标识并带有释义的词叫作词目。

词位

在前面的章节中，我们就已经知道，很难给词下一个精确的定义，就其所包含的内容来讲，不同语言之间也各有千秋。在词典学中，词同样是一个难以界定的概念。就拿德语的"Maus""Mäuse"（猫和猫的复数）来说，这是一个单词还是两个单词呢？大多数人都会说，"Maus"是基本词，而"Mäuse"只不过是基本词的复数形式，"Maus"自然就应该作为词目，我们也不会在词典中专门为"Mäuse"列出一个词条。但是西班牙语中的"soy"（我是）"son"（他们是）"era"（我过去是），又该怎么处理呢？是不是应该分别列出三个不同的词目呢？实际上这些词都是归在不定式形式"ser"（是）这一词目下面。同样，法语中的"je suis""ils sont""j'étais"，也都是归在"être"（是）的词目下面，与之相同的还有英语中的"be"动词，"are"和"was"通常也都是归入"be"这一词目中。

这就意味着，一种语言中的词目数量要比我们在文本上或口语中所能找到的词要少得多，语言学家把这些词目称为

Maus, Mäuse

↑ 从词典编纂者的角度来说，有多少只德国鼠并不重要，重要的是 Maus 就是一个词目。

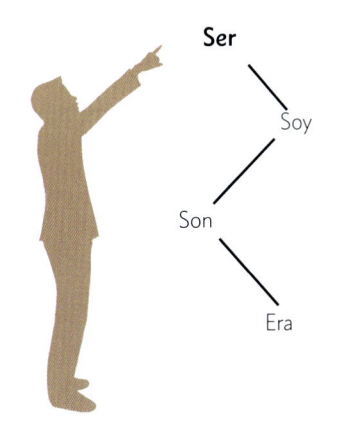

↑ 在西班牙语字典中，根本查不到"soy"（我是）、"son"（他们是）、"era"（我过去是）这些单词，这些单词全部都归入"ser"词目之下，"ser"就是 be 动词的原形。

词位。音位作为最小的、具有区别意义的语音单位，使一个单词能够与其他单词有所区别（英语中的"pin""bin"）；词素则是最小的意义单位（意大利语中的"do""diamo"）；而词位是最基本的能够表达独立概念的语义单位，可以连接起来组成一个更长的表述。词位通常是用小字号的大写字母标识的，因此英语中的"give""gave""given"都是词位 GIVE 的组成部分，德语中的"gib""gab""gegeben"则都同属于词位 GEBEN。一门语言中所有的词位总称为词汇表。

一种语言中到底有多少词汇呢？

你可能经常会在网上看到一些测试你母语词汇量的小测验，随着测试的深入，词汇越来越晦涩冷僻。例如，如果你能说出 100 个特别冷僻的词汇的意义，那么测试的运算程序就可以得出测算结果——你可能有 4 万的词汇量。

这样的测试又引出了另外一个有趣的问题，那就是某一种特定的语言中到底有多少词位呢？这个问题没有明确的答案，因为没有人做过精确的统计。但是如果将"词位"换成"词目"，或许可以得到一个比较准确的答案，比如《牛津英语词典》中大约有 60 万个词目。这一方法也适用于法语、德语、阿拉伯语、汉语、日语或其他任何一种语言：选择一本由知名出版商出版的、大而全的词典，数数词典中有多少词目。虽然一种语言中有多少词汇远非一本词典所能囊括，但或多或少还是可以得到一个大概的数目。翻开利德尔与斯科特合编的《古希腊语标准词典》，可以找到大约 12.5 万条词目，其中有些词目是很少用到的合成词，例如"ekekheirios"，意思是"以公共事务的中断为标记"（在铭文和体育活动中出现了两次）。《威尔士语标准词典》（*Geiriadur Prifysgol Cymru*）一共有四卷，收录了 10.5586 万

↑ 利德尔与斯科特合编的《古希腊语标准词典》中有 12.5 万条词目，但是其拉丁-英语版词典只有 4 万条词目，这种现象并不能说明拉丁语的表达能力逊色于英语。

50　　　　　　　　　　　　　　　　　　　　　　　　语言的构成

条词目。而在《牛津拉丁语字典》中，你只能找到 4 万条词目。

但这是不是意味着英语和希腊语比拉丁语更富表达力呢？当然不是。早在 2000 多年前，古罗马演说家、法学家西塞罗就曾经考虑过这个问题，并得出结论："non verborum tanta copia est res ut omnes propriis vocabulis nominentur"，意思是"世界上没有足够的词汇来为每一种事物单独进行命名"。虽然他所谈论的是拉丁语，实际上对于其他的语言来说，这个结论也同样适用。世间的观念思想千千万万，你不可能给每一个都附上单独的标签。任何一门语言都存在多义词。例如，在拉丁语中，"manus"通常的意义是"手"，但同时也有"群"的含义，比如"一'群'拿着武器的人"。希腊语"krino"的基础含义是"分离"，但也可以用来表示"判断"，因为要作出判断往往就意味着把相似的东西区分开来（也就是分离）。法语中的"la manche"既表示"袖子"，同时也指英吉利海峡或水域。从词源学来讲，爱尔兰语"lasc"的意思是"鞭子"，但也指电灯或收音机上的"开关"。也就是说，语言中的意义要比字典中列出的词目多得多。

理解这一点十分重要，因为人们往往容易陷入误区，以为词汇量少对一门语言来说意味着局限。同样，认为屈折变化少的语言表达力弱于屈折变化多的语言也是一种愚蠢的想法。在英语中，除了一些动词后面会加上 -s 和 -d（如 like，likes，liked），以及一些名词复数的不规则变形（men，teeth，mice）之外，几乎看不到其他的屈折形态。与之相比，斯里兰卡语则有 24 种名词屈折形态，以及更多的动词屈折形态。不过，说英语的人通常不会感到难以表达自己的意思，他们只需借助一些"工具"便能轻松实现，形态学如此，词汇学亦然。拉丁语中记录的词汇少于希腊语，但是这

↑ 威尔士语标准语词典（*Geiriadur Prifysgol Cymru*）共有四卷，其中包含了 10.5586 万条词目。

词库

51

并不意味着说拉丁语的人就思想贫乏。

新词汇

语言可以从外部获取词汇来充实自身——通过征服、贸易，或是文化交流。英语中那些显著的德语元素，要归功于诺曼法语所带来的大量词汇。因此，英语中不仅有德语化的"ox"，用以表示活着的牛科四足动物，还有"beef"这个单词，专门用来表示这种动物的肉。而在法语中"boeuf"既可以表示活着的牛，也可以表示牛的肉。在诺曼征服以后，许多法语单词涌入英语，如烹饪等方面的词汇。毫无疑问，这反映了新的诺曼统治阶层的饮食偏好和语言习惯。同样的

↓ 每一种语言中，许多单词不止有一个意思。公元前 1 世纪西塞罗就说过，世界上没有足够的词汇来对每一种事物（单独进行）命名。

52　　　　　　　　　　　　　　　　　　　　语言的构成

例子还有"pig"（猪）和"pork"（猪肉，法语"pork"）。

除了像这样直接借来的词汇之外，还有所谓的"仿造词语"。"仿造词语"中有一种便是通过词位对应的方式，将外语中的词汇译介至本方语言中，从而形成新的词汇。法语词汇"gratte-ciel"（字面意思是"刮擦天空"），就是通过仿造词的方法，从美式英语的"skyscraper"（摩天大楼）一词转借而来的。英语中的"scapegoat"也是一个很有意思的仿造词，它很可能来源于早期对希伯来语中"阿撒泻勒"一词的误解，这个词原本可能指的是传说中生活在旷野的恶魔。译者在把希伯来语《圣经》翻译为希腊语时（大约在公元前3世纪），误把这个词当作"ēz-'ozēl"（走开的羊）并理解为希腊语的"apopompaios"（被送走的东西）。后来，英语的译者据此创造出了"scapegoat"，而法国译者又创造出了"bouc émissaire"一词。这两个例子都属于语义仿造，这个词表达的意思是"羊被送走了，同时人们的原罪也得以赦免"。

↑ **Semantic calque（语义仿造）**
英语单词"scapegoat"和法语单词"bouc émissair"是根据希腊语直译而来的，而希腊语本身又是通过翻译，或者说误译而产生的——原来是希伯来语《圣经》中的一个词，而古希腊人误认为是"走失的羊"的意思。

句法

句法之于语言犹如交通规则之于驾驶：都是事物运行的法则。

语音学和音系学分别讲述的是语音如何发声以及如何把单个的语音组合成更大的语音单位；而形态学是关于如何连接或调整这些更大的单位，以创造出不同的含义。句法则是着眼于如何把单词黏合起来，组成更大的语言单位：句子。

语法"规则"

一般来讲，句法的作用是确保句子合乎语法，换句话说，就是合乎某一特定语言的语法规则。那么这些语法规则又来自何方？这个问题没有直截了当的答案。不过，某种语言的使用者，虽然在具体的语义表述上不尽相同，但都会遵循某些基本的规则。所以在法语中，举例来说，"*je chez rentré suis moi"这样的句子是不被允许的，因为按照词序原则，你必须说"je suis rentré chez moi"。同样地，在英语中你可以说"I went back to my house"（我返回了家），但是不能说成"my back I house to went"。只要你使用这些语言，你就不能违反这些规则（除非你是故意为之），因为这些都是基础规则。

还有一些规则相对复杂，并不是每个人都能了然于心。在法语中，人们一般不会说"si je vous verrai demain, je vous donnerai un cadeau"（如果我明天看见你，我就送你一件礼物），因为表将来的词根不能用在以"si"开头的从句

↑ **坚持语法规则**
每一种语言都有一套自身的基本规则，但是也有一些规则相对复杂，对于外国人来说，要搞明白十分困难。

↑ 法兰西学术院于 1635 年在巴黎成立，对法语用法、语法和词汇都有最终决定权。

中。正确的说法应为"si je vous vois demain"（如果我明天看见你）。但可能有人把这个句式和逻辑跟将来时的句式混淆了，因此出现了错误（例如："quand je vous verrai, je vous donnerai un cadeau"直译为"如果我明天看见你，我就送你一件礼物"）。这种错误的用法正变得越来越常见。或许在不久的将来，越来越多的人反而会习惯于它的存在。

如今的英语使用者，也已基本忽略了虚拟形态和情态动词，大家都说"If I was in charge, I would not permit it"（如果我负责，我是不会允许的），而不会去用正确的形式"If I were in charge, I should not permit it"，因为大多数人都能明白这句话的意思。法语和英语的区别在于，法国有法兰西学术院来维护他们的语言。法兰西学术院出版规范的语法手册和词典，对于普罗大众来说可能意义不大，但是从理论上来说，如果你想找出某个关于语法规则的确切答案，总还有一个地方可以查询。在英语中，如果要查询单词意义和词汇拼写，可以使用《牛津英语词典》，但是在句法方面没有权威的书籍。而法国人在日常生活中也不会感受到这样一个统一的语言管理机构的存在，即使有人有所耳闻，也基本不会去关注日常口语和正规写作是否正确这种咬文嚼字的学术问题。

而语言几乎不可能完全规范，因为任何试图冻结语言变化的行为都不会成功。语言不是一成不变的，而是常用常新的。有些人可能会惋惜于某个他们所珍视的词汇或表达的逝去，将其视作表达上的损失，但变化从来都是不可阻挡的，只是在某一民族的不同人群中，变化的速度可能会有所不同。而在日常生活中，大家往往也会达成一种默契，即只要你说的话没有被人误解，就一切顺利。

语言歧义和短语结构

学习句法结构的学生都喜欢研究语言的模糊性。试想一下，如果一个间谍收到了如下信息："你必须获取更加（多）可靠的证据。"这句话的意思是什么？是已获取的信息很可靠，但需要更多的信息？ 还是获得的信息不够可靠，在告诫该间谍其发回的信息质量应该更加谨慎？如何理解这句话就变得十分重要了。我们完全可以用括号来完美地解决这个问题："more（convincing evidence）"（更多可靠的信息），以及"（more convincing）evidence"（更加可靠的信息）。

添加括号的方法可以更加广泛而又系统地运用到句子

语言的构成

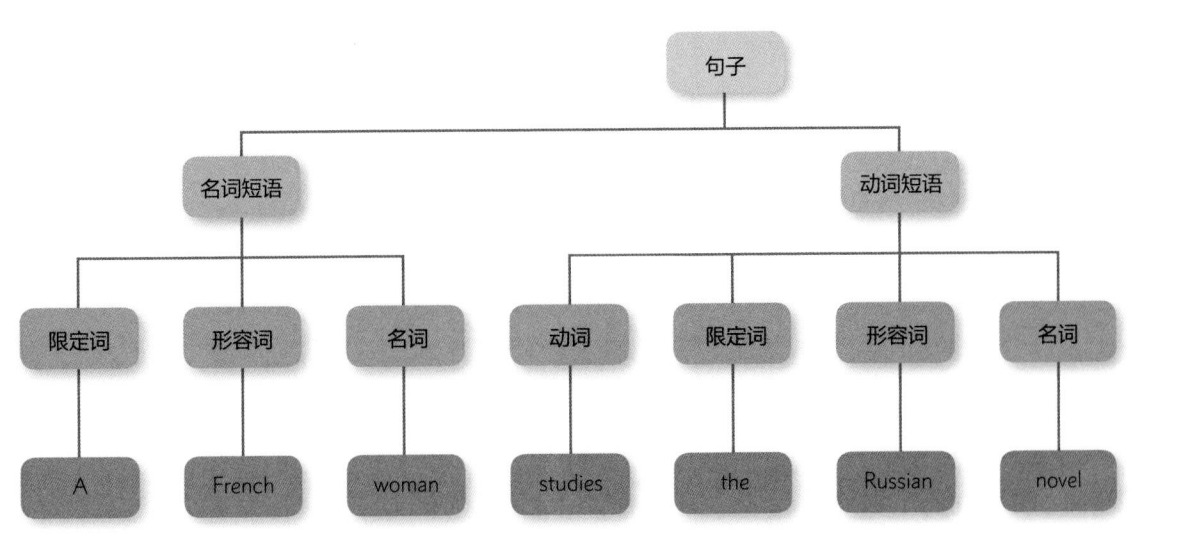

```
                              句子
                ┌─────────────┴─────────────┐
             名词短语                      动词短语
        ┌──────┼──────┐          ┌──────┬──────┬──────┐
      限定词  形容词  名词        动词  限定词  形容词  名词
        │      │      │           │      │      │      │
        A    French  woman     studies   the  Russian novel
```

结构上，这种方法叫作短语结构语法。比如下面这样一个句子，"Une femme française étudie le roman Russe"（意为"一名法国妇女在研究俄国小说"），从中可以首先分析出主语"une femme française"，然后分析出谓语"étudie le roman Russe"，谓语部分只是对主语部分的描述。但是如上图所示，你还可以对此作进一步分析：

从功能语法的角度来讲，你可以将其中的名词短语（NP），即"Une femme française"（一个法国女人），替换为另一个名词短语，例如"Le scientifique bulgare qui vient tout juste de consommer un peu trop rapidement son petit déjeuner insolite de muesli et de lait de coco et qui commence à ressentir les symptômes fâcheux de la maladie de reflux gastro-oesophagien"（一个刚刚过快地吃下了什锦和可可牛奶这种不熟悉的早餐，正受到胃食管反流病侵扰的比利时科学家）。这句话仍然能够正确表意，尽管两个名词短语内容不同，而且第二个短语长

度更长，结构更加复杂，功能却是相同的。

　　如果你正在学习一门外语，这种方法十分管用。它可以让你把注意力集中到组成句子的有意义的单位上来，并能够帮助你驾驭这些单位，以创造出新的句子。下面看看西班牙语中的一句话，"el politico mintió muy convincentemente"（这位政客撒的谎让人相信）。这句话中最后两个单词是副词，是用来修饰动词的成分，"convincentemente"描述的是政客撒谎的方式，"muy"则是用来表示"convincentemente"的程度，这两个单词放在一起就组成了一个副词短语，你可以将其替换为另外一个副词短语。例如"en la rueda de prensa"（在记者招待会上），或者"ayer por la mañana"（昨天早上）。前者是表地点的副词短语，后者是表时间的副词短语。这时你就不能用名词短语来替换它们了，例如"el electorado cansado"（疲倦的选民）。你也不能说"X mintió Y"，你得说"X mintió a Y"，这是因为"mentir"（撒谎）是一个不及物动词，因此不能接续直接宾语，如果要接续一个直接宾语，后面必须使用像"a"（相当于英语中的"to"）这样的介词。不过，你可以将副词短语替换为结果状语从句，例如"con el fin de obtener un resultado favorable en las urnas"（为了确保民意测验的满意效果）。这个从句看上去与"muy convincentemente"有所不同，却属于等价的功能单位：两者都是用来描述政客是如何撒谎的。

　　这样的语法规则有助于语言学习，但同时也有弊端，因为语法规则没有告诉你如何创造出新的句子，需要语言学习者自己去感受不同语言结构之间的相同点，自己去感知句子的哪一部分可以被替代或扩展。此时，转换生成语法便应运而生——它寻求制定一套计算机代码一样的算法指令，使语言可以从一些基本规则中不断衍生出合乎语法的句子。

↑ 在外语学习中，注意一下有意义的语言单位和短语，这些语言单位和短语可以组合成新的句子，这种方法十分管用。

语言的构成

转换生成语法

转换生成语法的确立要归功于美国语言学家诺姆·乔姆斯基（1928年出生），他的《句法结构》（1957）一书，句法结构出乎意料地成为现代语言学领域的"显学"。在过去的60年中，乔姆斯基不断完善自己的理论，许多计算机翻译方面的专家对转换生成语法也有浓厚的兴趣，乔姆斯基本人涉足这一领域的初衷，却与计算机毫无关联。转换生成语法的核心在于语言在大脑中的运行机制。虽然我们都认为语言是被学会的，但是语言学家倾向于将"语言学习"这一说法限定于外语学习的范畴，而在描述婴儿是如何学会自己的母语时，语言学家们则倾向于使用"习得"这个词。因

↓ **诺姆·乔姆斯基的句法结构**

诺姆·乔姆斯基是20世纪最有名的语言学家之一，他试图使用数学形式来解释存在于大脑中的语言结构，大脑是如何处理语言的，以及大脑又是如何过滤掉不合法的言语的。

韦尼克氏区

布洛卡氏区

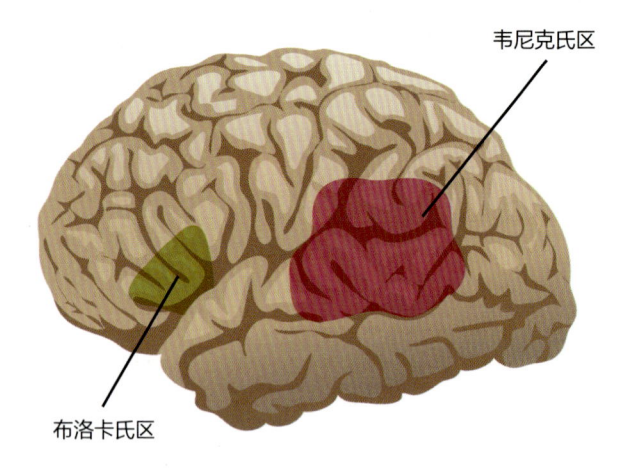

为他们认为，语法规则不是通过正式教学学会的，而是在语言环境中潜移默化习得的。乔姆斯基最初认为，语言中有一套深层结构，经过转换后，变成表层结构，体现在口语和书面语中。这些转换规则就像是一套数学函数：它们告诉你如何安排单词和词素，以生成一个新句子。

看看下面这个肯定句，"Hans hat das Buch gekauft"（汉斯买了一本书），还有这个疑问句："Hat Hans das Buch gekauft？"（汉斯买书了吗？）。要把一个陈述句变成疑问句，标准语法会告诉你要把助动词"hat"和主语"Hans"换个位置，十分简单。但是在转换生成语法学家看来，可能需要写成这样：

"NP1 + AUXILIARYhaben + NP2 + VERBpast participle——AUXILIARYhaben +NP1 + NP2+ VERBpast participle"

↑ **语言在大脑中的运作机制**

大脑中的布洛卡氏区控制语言生成，而韦尼克氏区控制语言理解。两个区域中只要一方受损就会导致语言障碍。例如，韦尼克氏失语患者能够说出流利的话语，当然他说的话都是毫无意义的，他在理解口语和书面语时都会产生障碍。

语言的构成

要把主动句"Hans hat das Buch gekauft"变成被动句"Das Buch wurde von Hans gekauft"（这本书被汉斯买了），传统的方式是把接受动作的事物"Das Buch"放在前面，再加上助动词的正确形式"werden"，然后再加上"von"和施动者"Hans"，最后加上过去分词形态的主要动词。而这种句式的教学也出乎意料的简单，只需几个例子，就能让学生迅速地消化并接受它们。而通过转换生成语法，情况则可能是这样的：

"NP1 + AUXILIARYhaben + NP2 + VERBpast participle——NP2+ PAST AUXILIARYwerden von+ NP1+ VERBpast participle"

第二个例子要更加复杂，因为实际上我们还需要其他的转换规则来说明助动词的变形。这样一种统一、线性的变换方法，在解释过去分词的变形时显得有些力不从心。一些现实的语言问题摆在眼前：我们很难纯粹用计算机术语来描述，为什么"werden"会产生这样的屈折变化？为什么不是所有的过去分词的变形都像"gekauft"一样规则？

乍看之下，转换生成似乎是试图用高等代数的方法来解决语言问题，而且很多语言学家原本就是数学家。他们试图找出一些简洁的理论形式来支持他们的观点。在现实生活中，你很难找到一本从代数变换的角度进行讲解的语言教程——至少目前很难找到，因为这些东西比传统的术语要令人费解。

但是这些转换规则存在于何种层次呢？是生来便铭刻在人类大脑的神经结构中吗？可能并非如此，一个出生于纽约的日本家庭的孩子，除非他能经常听到周围的人讲日语，否则是不会讲日语的。但是如果转换规则不属于神经系统的一

句法　　　　　　　　　　　　　　　　　　　　　　　　　61

部分（或者类似于计算机的"硬件"），那么便可能属于心理学范畴（同样用计算机作类比，即"软件"）。转换生成语法的支持者们说，失去这些假定的前提，便很难说明说话人为何能够如此快速准确地区分结构是否合乎语法。如果说我们的头脑中预先就储存了无数可能的语言形式，并且按照是否合乎语法规则进行了分类标记，又似乎不太可能。一些基本的语法规则想必是存在的，尽管这些基本的语法规则同样数量庞大而且结构复杂。但是，如果说人类大脑中预先就设定好了某种程序来操作这些语言零件，为什么以英语为母语的儿童还是会创造出一些类似于"*goed""*thinked""*sticked""*sheeps"之类的错误的语言形式呢？这绝不可能是模仿成人语言的结果。如果是他们的原始软件存在漏洞，那么他们又是从哪里获得了升级，把自己变成一个能够正确表达语法的成年人呢？

← 语言并没有内置在大脑中，出生于纽约的日本孩子如果一直能够听到日语，那么他就能够学会日语。

语系

神圣罗马帝国皇帝查理五世曾经说过,掌握另外一种语言就相当于拥有另外一个灵魂。对其他语言了解越多,你就越发会为这些语言的多样性所折服。在旅行的时候,陌生的语言环境能够开阔你的视野:你会发现,不同的人群所使用的声音竟如此不同! !Xoo语言的使用者大概只有4000人,分布于博茨瓦纳和纳米比亚,他们能够通过呼气发出40种不同的辅音音素,还能通过在吸气时闭住嘴巴发出80多种不同的吸气音。与之相比,英语只有24种辅音音素。

我们会逐渐明白不同的语言之间,结构有多么不同。法语和德语的学习者会习惯使用各自语言中动词的时态系统来表达事情在何时发生。但是有些语言中的时态可能比较少,而另外一些语言则可能更多,抑或时态系统完全不同,甚至全无时态可言。词汇的差异也会让你大开眼界,例如英语和法语中的"cousin",对于说英语或法语的母语者来说,这个词的含义已足够清楚,但很多来自其他文化背景的人遇到这个词时则可能会感到迷惑不解,因为这个词并没有区分开姐妹的孩子和兄弟的孩子的含义。

印欧语系

印欧语系的出现可能追溯到数千年前，它源自俄罗斯大草原的某个地方。

去国外时，尽管没有学过这个国家的语言，你是否能够辨认出当地语言中的单词呢？一名英语母语者或许能够看出，德语的"licht"和英语的"light"存在某种联系。印地语的"pit"和冰岛语的"faðir"不仅意思相同（父亲），还是由同一个词根演变而来。这是怎么回事呢？

"丢失的源头"

人们很早就意识到语言之间的相似之处，不仅是单个的单词，就连语法都有相同之处。1786年，法学家、语言学家威廉·琼斯爵士在孟加拉亚洲协会上做了一场关于梵文的演讲，梵文是印度一种古老的语言（梵文之于印度恰如拉丁文之于欧洲）。他在演讲中说道："梵文比希腊语完美，比拉丁语丰富，同时又比这两种语言更加优雅、精致。而且无论是在词根还是在语法形式上，都与这两种语言有着密切的亲缘关系，这绝不可能是一种巧合。这三种语言之间的联系十分紧密，以至于任何语言学家在研究这三种语言时，都会认为它们是由同一种早已消亡的语言分化演变而来的。"虽然现在只要一提到这个发现，人们就会想起琼斯，但实际上，早在1647年，荷兰学者、莱顿大学教授马库斯·祖鲁乌斯就曾提出梵文、拉丁语、希腊语、凯尔特语以及波斯语之间存在某种亲缘关系。1767年法国耶稣会士加斯东-劳伦洛朗·科维杜也发表过类似的观点。

↑ **变音法则**

雅各布·格林提出的变音法则解释了看似不同的语言，通过探寻它们之间的关系，是如何从一种共同失传的语言演变而来的。例如，首字母"P"在梵文、希腊语、拉丁语的单词中表示父亲，在英语等日耳曼语中演变为"f"。

在后来的一个世纪中，法朗兹·葆朴、拉思穆斯·拉斯克、雅各布·格林等先驱们，对"遗落的源头"这一假说作了更为深入的研究。他们不再满足于表面的联系，而是对语言的深层结构作了深入探究。我们很容易看出"Licht"和"light"这两个词之间的联系，但如果是英语的"father"和德语的"Vater"呢？雅各布·格林总结出了语音变化的一般规律，解释了这些形式是如何从一个共同的源头分化演变而来的，他认为这些词可能来自"*pater"——这一点可以从梵文的"pitar"、希腊语的"pater"和拉丁语的"pater"中得到证实。让我们更进一步，看看拉丁语的"-fendo"和希腊语的"theino"，这两个单词的意思都是"击打"，但是它们之间有关联吗？是的。虽然"f-"和"th-"看上去毫无相似之处，但是通过类似的单词，如拉丁语的"formus"（热）和希腊语的"thermos"，可以看出其中存在某种关联。似乎存在一个更早的元素，慢慢有规律地演变成了拉丁语的"f-"和希腊语的"th-"：这一早期的语言元素通常被标记为"*gwh-"。

印欧语系　　　　　　　　　　　　　　　　　　　　65

上文中的＊是用来标记"重构"词的。这一重构的语言如今被语言学家们称作印欧语。博克斯霍恩称之为斯基泰语（暂不讨论其历史渊源），德国学者则称之为"印德语系"。这种语言是拉丁语、希腊语、梵文、亚美尼亚语、威尔士语、爱尔兰语、古时教堂斯拉夫语以及哥特语失传的先祖，正如拉丁语是法语、意大利语、西班牙语、葡萄牙语，以及罗马尼亚语这些罗曼斯语族语言共同的祖先一样。

比较语言学

根据词汇和语法结构的相似点把语言分成不同类别，属于比较语言学的范畴。从那些用于表示普遍事物的词汇着手，例如身体部位的名称，家庭成员的称呼，植物名和动物名，等等，将会是一个有力的突破口。从下面的蛛网图可以看到，数词同样可以说明问题，从希腊语的"pente"、威尔士语的"pump"、梵文的"pancha"以及阿维斯陀语的"panca"（五）可以看出，它们都是从印欧语的"*penkwe-"演变而来。相比之下，拉丁语的"quinque"显得有些突兀，但在一些早期语言中，有大量证据表明，其最初形式同样是"p-"，只是拉丁语作了一点创新，把它变成了"qu-"，这明显是受到了词尾"-que"的影响。这一创新后来又分化演变出了法语的"cinq"和意大利语中的"cinque"。德语的"vater"和拉丁语的"pater"也体现了类似的语音演变，这样一来，哥特语的"fimf"和德语的"fünf"之间的相似性也就说得通了。印欧语中最初为"*p-"的位置，拉丁语和希腊语中也会相应地出现"p-"，但到了日耳曼语中则变成"f-"音了。

表示"百"的词汇也是一个典型的例子。在印欧语中的"百"是"*kmtom-"，很容易让我们联想到拉丁语的

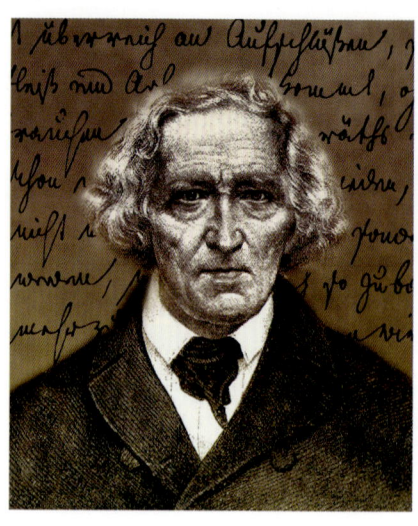

↑ 雅各布·格林（1785—1863），一生致力于书面语言研究，在《德语语法》一书中，他首次跟踪研究了日耳曼语言的发展历史。

"centum"。希腊语的"hekaton"毫无疑问也是有所关联的，只是需要历史学研究来阐明其来历。而梵文的"shatam"和立陶宛语的"shimtas"则可能会是个令人惊喜的发现。方言学家曾经提出一个假说，如果你从波罗的海的加里宁格勒到黑海的敖德萨之间画一条线的话，你就会发现这条线以西地区的语言中，单词开头的"*k-"都演变成了"c-"（腭音类语言），而这条线以东地区的语言都变成了"s-"或者"sh-"（咝音类语言）。20世纪在中国新疆东部地区发现的吐火罗语实际上是一种腭音类语言，这一发现打破了原有的方言理论，也让试图解释早期人口迁移的学者感到迷惑不解。

印欧原始母语的发展演化

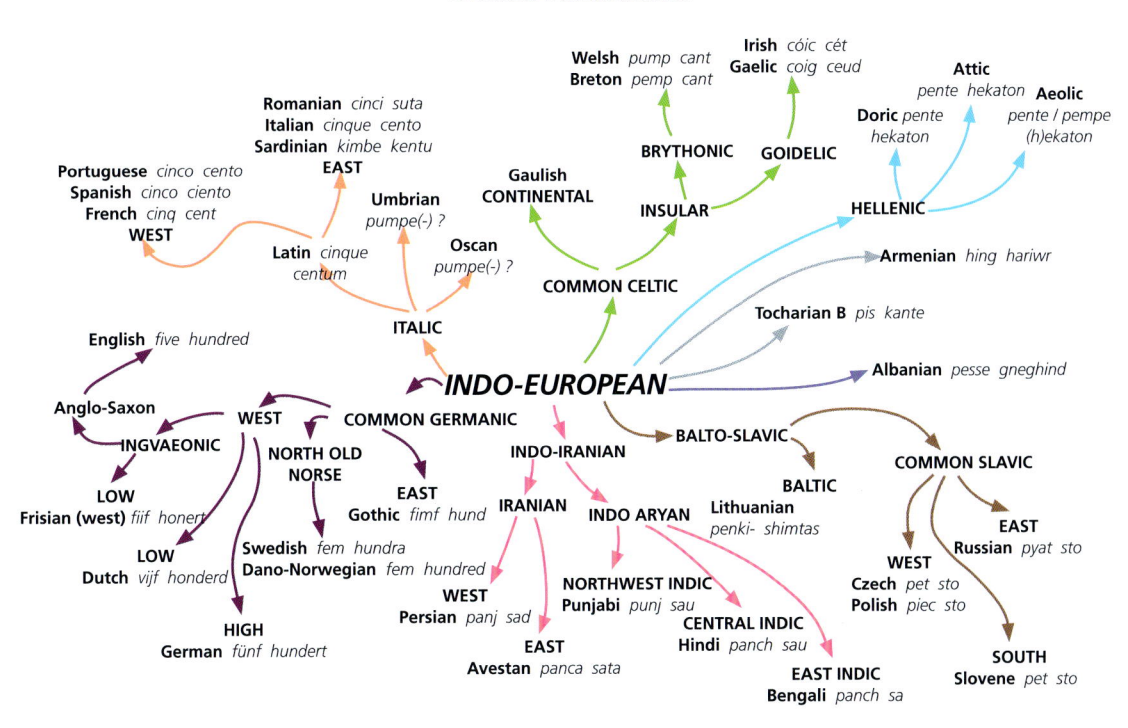

Portuguese cinco cento
Spanish cinco ciento
French cinq cent
WEST

Romanian cinci suta
Italian cinque cento
Sardinian kimbe kentu
EAST

Umbrian pumpe(-) ?
Latin cinque centum
Oscan pumpe(-) ?
ITALIC

Gaulish
CONTINENTAL
Welsh pump cant
Breton pemp cant
BRYTHONIC
INSULAR
Irish cóic cét
Gaelic coig ceud
GOIDELIC
COMMON CELTIC

Doric pente hekaton
Attic pente hekaton
Aeolic pente / pempe (h)ekaton
HELLENIC

Armenian hing hariwr

Tocharian B pis kante

Albanian pesse gneghind

INDO-EUROPEAN

English five hundred
Anglo-Saxon
INGVAEONIC
LOW
Frisian (west) fiif honert
LOW
Dutch vijf honderd
HIGH
German fünf hundert
WEST

NORTH OLD NORSE
Swedish fem hundra
Dano-Norwegian fem hundred

COMMON GERMANIC
EAST
Gothic fimf hund

INDO-IRANIAN
IRANIAN
WEST
Persian panj sad
EAST
Avestan panca sata

INDO ARYAN
NORTHWEST INDIC
Punjabi punj sau
CENTRAL INDIC
Hindi panch sau
EAST INDIC
Bengali panch sa

BALTO-SLAVIC
BALTIC
Lithuanian penki- shimtas

COMMON SLAVIC
WEST
Czech pet sto
Polish piec sto
EAST
Russian pyat sto
SOUTH
Slovene pet sto

印欧语系

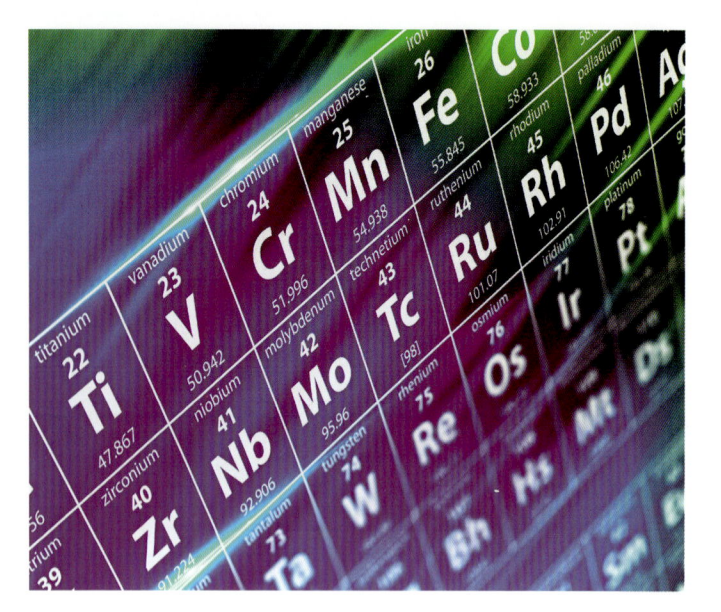

元素周期表中的元素都是用拉丁语或者希腊语词根来命名的，例如铯（由"caesius"演变而来，意思是"天蓝色"）和锂（由"lithos"演变而来，意思是"石头"）。

卡尔·林奈把植物按照不同种属分门别类，查尔斯·达尔文把动物分成不同物种，德米特里·门捷列夫把不同元素归类为元素周期表——有一定科学素养的读者想必一眼就能看出，19世纪以来的比较语言学与这些科学研究之间的相似性。在接下来的两节中，我们将近距离审视语言分类的逻辑基础，探讨在证明语言间的亲缘性时，是否所有联系都真实、有效。

其他语言

目前世界上仍在使用的 7000 多种语言中,绝大多数都不属于印欧语系。其他语言是否也归入不同的语系?是否也来源于同一种原始母语呢?

语言划分

语言的划分主要有三种方法,分别是地域分类法、类型分类法和遗传分类法。地域分类法对于人类学家,以及那些希望通过在某一地区的实地考察有所发现的专家们极为有

↓ 尼日利亚有 500 多种语言,其中包括伊博语、豪萨语和约鲁巴语。

用。比如，如果你问在尼日利亚有多少种语言，答案是超过 500 种。地域分类法十分有趣，因为它能告诉我们人口迁移和民族、国家的成长。但是如果你想以语言学家的视角来分析这个问题，你会倾向于以语言所共有的特征来给它们分类，印欧语系的分类便是如此。

　　类型学作为考察语言的共同特征的手段之一，主要着眼于语序等问题。例如，印地语、日语和拉丁语都是 SOV 型语言（即语序是主语—宾语—动词），在这些语言中，句子的主语一般是放在宾语的前面，动词则放在最后面。相比之

↑ 英语属于 SVO 型语言，主语放在句子的最前面，后面紧跟着动词和宾语。在拉丁语中，动词一般放在句子结尾（SOV 型语言），而阿拉伯语中句子以动词开头（VSO 型语言）。

下，英语作为一种 SVO 型语言，语序则是主语放在最前面，紧跟着的是动词，然后才是宾语。阿拉伯语和希伯来语则属于 VSO 型语言，动词放在最前面，其他成分放在后面。语言的一致性着实有趣，但是印地语和日语语序的一致性是否单纯只是一种巧合，目前尚不清楚。

语言家族和基因分类法

基因分类法可以说是应用最广、最为流行的语言分类方法。基因分类法试图通过观察语言之间的异同，绘制出语言的"族谱"。传统方法一般为通过比较两种语言中的共有词汇，发现语言之间的各种关系，同时也会采用更为细致的方法。例如，通过比较音系学、形态学和句法等类型学特征来发现语言之间的各种关系。一组语言的共有特征越多，将它们归入同一种语系的依据也就更加充分。

比如，土耳其使用土耳其语，中国的新疆维吾尔自治区则使用维吾尔语，西伯利亚的东北地区大约还有 1000 人使用朵格兰语，这三种不同语言都属于阿尔泰语系突厥语族，此外，还有另外几十种语言也同属该语族。这些语言并不处于同一地理单元，而是广泛地散落在世界各地，与阿拉伯语、波斯语、俄语和蒙古语等一些毫无关联性的语言同时被使用。但只要比较一些词汇，其亲缘关系便一目了然。（见下表）

单词	阿塞拜疆语	哈萨克语	吉尔吉斯斯坦语	土耳其语	维吾尔语	乌兹别克语
母亲	ana	ana	ene	anne	ana	ona
父亲	ata	äke / ata	ata	baba	dada / ata	ota
一	bir	bir	bir	bir	bir	bir
二	iki	yeki	eki	iki	ikki	ikki

遗传分类法

语言学家根据语言共性来归类语言，生物学家则用同样的方法给生物进行分类。

所有的生物都可以根据不同层次的一致性归为一类，最高的层级为界（把动物和植物分开），接下来依次为门（脊索动物）、纲（哺乳纲）、目（灵长目）、科（人科）、属（人属）、种（智人）。这种分类方式叫作支序分类学"cladistics"，来源于古希腊语"klados"，那些独立的分类统称为分化枝"clades"。

其他这种对生物、化学元素、语言，乃至世间万物进行分类的热衷要归功于启蒙运动，尤其是百科全书的编纂者丹尼斯·狄德罗（1713—1784）。

虽然科学家和语言学家在使用归类法方面有异曲同工之处，但还是不够完善。比如，要把一些物种归为同类，就必须证实它们由同一祖先演变而来，一些历史记录便不可少——它们可能是几亿年前的化石，甚至是维多利亚时期收入博物馆中的鲜活标本。并且每次有新的物种特征出现，树形图上就会多出一条分支。

从右图可以看出，各分支的物种，其实都是从同一原始物种演化而来，我们把这个最原始的物种称为 A，具体是什么无关紧要：在这种情况下，B 和 C 不同于 A 并且相互之间也各不相同，但是 B 和 C 都有 A 的特征，因此你可以说它们都来源于 A，而不是其他什么物种。D 和 E 又与 B 有许多共同之处，但是与 B 仍存在差异，而且 D 和 E 也各不相同。D、E 与 B 的关系就恰如 B、C 与 A 的关系：每一组都由同一祖先进化而来，但是每个成员的进化特点都有所不同。与 C 相比，F 显示出相当程度的进化，并且 F 虽然与 C 有所不同，但是相对于 D、E 与 B 的不同，F 与 C 有着更多

↑ 1751—1772 年间，丹尼斯·狄德罗主持编纂了一套百科全书——《科学、艺术和商贸分类字典》，共 28 卷。

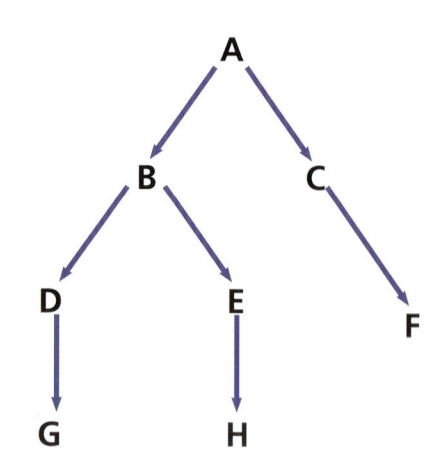

语系

的相似之处。最后，很明显，G 是由 D 演变而来，两者虽有不同，但同样有很多相似之处。同样地，H 是由 E 演变而来的。D、E、G、H 之间相似点更多，同时，与 C 或 F 相比，和 B 有更多的相似之处。

追溯语言之源

生命科学家常常以单源论作为假设前提，意即认为某一物种有且只有一个起源：即该物种是由这一起源通过有性或无性繁殖产生的。在研究语言时，我们无法设立类似的理论假设，即假设所有我们能够观测到的语言都是从同一种原始母语演变而来。因为我们不可能穿越到几千年前，了解当时的人们是如何说话的。即使所谓的"走出非洲"理论能站住脚，那也只意味着所有现代人都有一个共同的起源，我们仍然无法假设早期人类尚未分化时，使用的是同一种语言。很有可能在人类发展出语言之前，就已经分成了不同的群体，并最终演变成各自独立的语言形式。

如此一来，即便人类有一个共同的起源，但就语言来说，我们也不得不正视多元发生论的可能性。除非你能发现足够多的、连续的历史证据，否则我们几乎不可能像生物学家那样为语言绘制树形图。例如，吠陀梵语（印度的一种古老语言，起源于公元前 2000 年中叶）和荷马时期的希腊语这两种语言彼此的相似程度，要远甚于它们与阿拉伯语的相似程度，那么，是不是应该将吠陀梵语和希腊语归为一类，而不应与阿拉伯语分在一组呢？吠陀梵语和希腊语尽管有相似之处，但同时也有许多差异，它们之间的关系就如同上图中的 G 和 F，不能分在一组。

但是为什么我们要以 G 和 F 为例，而不以 B 和 C 作比呢？吠陀梵语和一种叫作阿维斯陀语的古伊朗语有许多相似

↑ 荷马在《奥德赛》一书中使用的希腊语，追根溯源，还能探寻其早期语言的踪迹，图中的文字是这部书的开篇部分。

↑ 语言学家认为要找到印欧语言书面证据的希望十分渺茫。印欧语言是拉丁语、希腊语、梵文和其他一些语言的母语，而且早已失传。

之处，尽管这两种语言与希腊语也有一定的相似度，但它们之间的相似程度却远远超过其与希腊语的相似程度。就音系学而言，吠陀梵语和阿维斯陀语之间也有很大的差别。

语言学家认为印欧语系（A）在早期就已分化出许多分支，其中一个分支是印度-伊朗语族（B），也就是印地语和伊朗语的祖先。类似的分支还有希腊语族（C），也就是希腊诸语言的原始母语。可以确信，印度-伊朗语族早先是单一的语言，但是后来分化为印地语（D）和伊朗语（E）两个不同的分支。阿提卡希腊语（F）是希腊语族分支后演变出来的一种语言。梵文（G）和阿维斯陀语（H）则代表着脱离母语后的进一步分化独立。

其他语言

分类的难点

　　语言学和动物学在分类上的区别在于，到目前为止，只有 F、G 和 H 这几种语言的分类有直接的证据。对其他分类目前还只是一种构想，一种假设，一种有待后续验证的模型。没有人敢奢望哪天能够发现印欧语或者印度-伊朗语的书写记录，古生物学领域却可以常怀希望——说不定哪天冒出的化石证据，就能证实或颠覆某一假说。

　　另一个需要注意的前提是，用基因分类法来对语言进行分类依赖于语言突变——就像是动物的基因突变一样。正如你将在罗曼斯语族章节中看到的那样，语言会随着时间的推移发生变化，因为语言的使用者也在不断地更替，但这不是语言产生变化的唯一方式。除了语言自身的演变之外，语言的区域扩散也会导致变化，也就是说，语言使用者们不是随心所欲地改变了他们的语言习惯，而是通过贸易、通婚或战争的形式，与另外一种语言的使用者发生接触，从而导致语言发生改变。语言没有类似生物学上的"生殖隔离"的限制，简单采用基因遗传的方法来考察语言不够严密。就第 72 页的图而言，虽然 H 独立于 F，但是通过直接接触，也会获得 F 的某些特征。

　　支序分类法需要长时间的数据作为支持，印欧语系就是

使用语言的人类就像一个糟糕的汽车修理工，一个地方修好了，另一个地方又弄坏了，语言的使用就是如此。

——约瑟夫·格林伯格

一个很好的例证。长期以来，学者们也对此作出了孜孜不倦的研究。但是当我们将目光转向非洲语言，就会发现情况有很大不同。直至进入殖民时期，人们才对非洲产生兴趣，而关于非洲语言的正规研究则要到 19 世纪晚期才逐渐出现。语言分类方面的研究更是到 1950 年约瑟夫·格林伯格的先驱之作出版时才宣告开始。

格林伯格的研究成果引发了众多争议，并且在之后的学术讨论中不断得以完善。不过，这也恰恰说明，在这样一个有着数千种语言需要研究，缺乏一手的书面材料，并且研究刚刚起步的领域，达成一致意见是多么困难。

↓ 与法语和英语有所不同，巴斯克语与印欧语系没有关联。

其他语言

语言宏观分类

有些语言学家认为我们可以把世界上的 7000 多种语言分成 18 大类

类	示例
亚非语系	阿拉伯语、吉兹语、豪萨语、希伯来语、索马里语
阿尔泰语系	日语、朝鲜语、蒙古语、土耳其语
美洲印第安语系	切罗基语、克里语、纳瓦特尔语、萨巴特克语
澳大利亚语系	加拉绀语、乌南玻语
南亚语系	高棉语、缅语、越南语
楚科其-堪察加语系	楚科其语、堪察加语
德拉威语系	布拉灰语、坎那达语、马拉雅拉姆语、泰米尔语、泰卢固语
爱斯基摩阿留申语系	阿留申语、因纽特语、尤皮克语
印欧语系	希腊语、梵语、北印度语、亚美尼亚语、法语、德语、英语
卡尔特维里语系	格鲁吉亚语、兰语、明格雷利亚语、斯凡语
克瓦桑语系	克瓦语、诺索布语
纳-德内语系	纳瓦霍语、特林吉特语
尼日尔-刚果语系	伊博语、修纳语、斯瓦希里语、沃洛夫语、科萨班图语、约鲁巴语、祖鲁语
尼罗河-撒哈拉语系	卢奥语、卡努里语、桑海语
汉藏语系	缅甸语、粤语、普通话、闽南话、吴语
侗台语系	老挝语、泰国语、壮语
跨新几内亚语系	印绀语、枚克语、特博兰语
乌拉尔语系	爱沙尼亚语、芬兰语、匈牙利语、萨米语

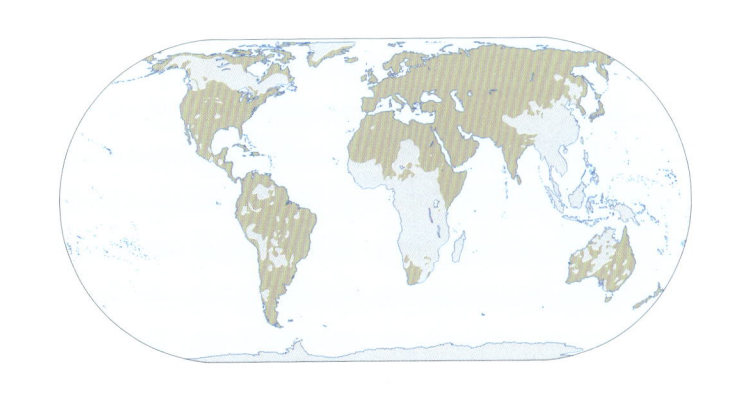

↑ 上图标识了诺斯特拉提克假说语系的分布，诺斯特拉提克一词来源于拉丁语 nostrates，意思是"一奶同胞"。

有鉴于此，一些语言学家提出，将语言按照门、纲、目、科、属、种来进行分类毫无意义。我们所能做的，至多不过是把相似的语言分成不同的语系（从不同的角度和更为宽泛的角度），同时还必须接受以下现实，即有些语系拥有多达数百个成员，有的语系却只有两三个成员。与此同时，还要面对孤立语言的问题（有些语言很孤立，没有近亲），我们最熟悉的孤立语言可能要数巴斯克语了。这种观点可能会让人感到沮丧，因为我们前面在印欧语系案例中曾看到过希望——在印欧语系中，我们完全可以用树形图来表示不同语言之间的关系。

语言宏观分类

当我们将目光从语言的区别性上移开，逆向思考我们所能找到的最高层级的语言分类时，就会遇到一个有趣的问题。如果按照类似于动物学的"门"一样的最大类别来划分语言，那么可以把语言分成多少大类呢？一些语言学家认为，至少可以分成 18 个类别。

这种分类方法的问题在于，如果你能把 7000 多种语言分为 18 个大类，为什么不再细分下去呢？是什么告诉你某

其他语言

一类别已经到达了分类极限不能再分下去了呢？又是什么告诉你一种语言从基因上区别于另外一种语言呢？大家可能一致同意说是词汇和语言的类型特征，例如，亚非语系和印欧语系的词汇和语言类型特征差别很大，因此这两种语系理应分属不同类别。但是我们作过各种努力试图解释这些差别，请看下面的资料：

门	词形	意义
尼罗河-撒哈拉语系	*tek	一
印欧语系	*deik-	顶点
美洲印第安语系	*tik	手指
汉藏语系	*tik	一

粗略一看，这种分类似乎有一定道理，但实际上极具欺骗性。我们观察到它们在发音和意义上有诸多相似之处，于是假定这四个庞大的语系有着共同的原始母语——但这是有问题的。美洲印第安语系中用"tik"来表示手指，而在同属美洲印第安语系的盖丘亚语中，手指用"pallqa"或"ruk'ana"表示，可见"*tik"无法适用整个语系。虽然我们也时常引用德拉威语单词做例子，但表示上述含义的德拉威语为"birelu"，这一形式与上表中其他词形明显不同，因此它更不会在上述词源讨论中被引为例子。这一关联性的支持者们不得不又提出一个更加匪夷所思的假说来自圆其说，其论据不过是些难以确证的语音演变。而且，这种对应在语义上也是说不通的，为什么"手指""一""顶点"曾经是一个统一的概念？这些单词之间并没有必然的联系，一如"finger""five""wave"之间没有必然联系一样。

这种分类方法的支持者们还相信一种叫作诺斯特拉提克语系的超级分类，认为诺斯特拉提克语系是现有的几大语系

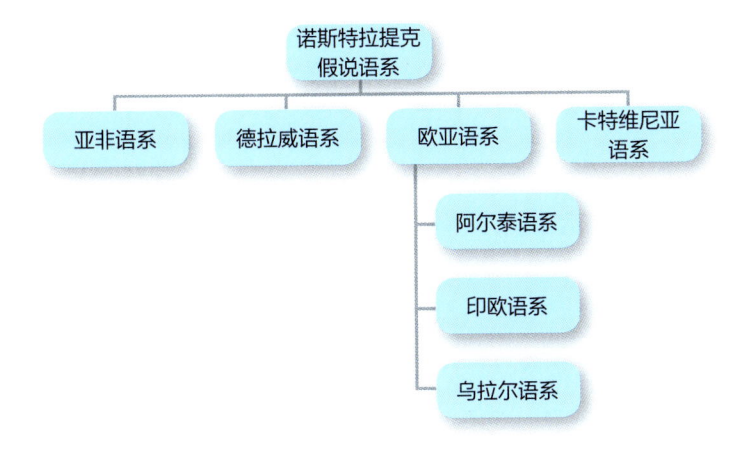

```
                    诺斯特拉提克
                     假说语系
    ┌──────────┬──────────┼──────────┐
 亚非语系   德拉威语系   欧亚语系   卡特维尼亚
                          │          语系
                     ┌────┤
                     阿尔泰语系
                          │
                     印欧语系
                          │
                     乌拉尔语系
```

的共同祖先。

  时至今日，诺斯特拉提克假说已不再寻求能够解释每一个大语系，从上图我们可以看到这一语系的分布图。一个如此大胆的分类方法，居然没有把撒哈拉以南的非洲和中国的语言包含进去，实在令人意外。

  尽管如此，还是有人继续提出设想，从诺斯特拉提克语系再回溯，得出被称为原始诺斯特拉提克的语系——一个无所不包的超级大语系，亚非语系、高加索语系、达罗毗荼语系，以及欧亚语系都是它的子孙后代。仿佛是要还原出人类诞生之初、巴别塔坍塌之前的语言。很难想象上古时期的某个地方生活着一群说原始诺斯特拉提克语的先民。而且，如果非洲的理论是正确的话，尼日尔-刚果语系又不在原始语系之列，那是多么让人吃惊的事情啊！

罗曼斯语族

公元前 3 世纪之后，罗马帝国的影响力扩展至整个意大利，并在之后进一步越过阿尔卑斯山脉，一直到达欧洲各地，后来甚至影响了非洲和亚洲。一些此前从未听说过拉丁语的地区，也纷纷开始使用拉丁语了。

和英语一样，拉丁语不仅是一种口语。从维吉尔和西塞罗的作品中，我们可以看到社会精英们使用的语体。但在口语中，根据说话人的社会地位（不管实际上还是理论上）、教育程度和居住地域的不同，拉丁语想必存在多种变体。世界上的其他语言也是如此。

日常使用的拉丁语

现存的许多拉丁语铭文和图画都与精英们使用的拉丁语形式有所不同，这使我们得以一窥普通百姓们的日常语言。不仅如此，当时的一些书面语言也能说明一些问题。和其他作家相比，喜剧作家普劳图斯（公元前 254—公元前 184）所使用的语言就更具口语特征。普劳图斯经常使用"minutus"和"grandis"来表达"小"和"大"，而较少使用当时常用的"parvus""magnus"。如果我们还记得在法语、意大利语和西班牙语中表示"大"的词分别为"grand""grande"和"grande"，那么这一点就尤为重要。"马"在拉丁语文学作品中一般为"equus"，但是贺拉斯常常使用"caballus"来表示"驽马"，以示蔑视。法语、意大利语和西班牙语中的"马"一词分别为"cheval""cavallo""caballo"。考虑到语音的演变，你可以看出这些词汇的源头并非拉丁语的文学用

↑ 对于"马"的称呼，拉丁语中一个人会说"equus"，而另外一个人会说"caballus"。

词，而是从不规范的语言形式演变而来。

类似的例子还有很多，但是，上文的例子足以说明问题。正如拉丁语是从印欧语演变而来的，法语、意大利语、西班牙语和葡萄牙语都是直接从拉丁语演变而来。与其他同语系的语言相比，这些语言与拉丁语的关系更加紧密，因为这条演变路径是由拉丁语的使用者选择的，而不由其他语言（比如梵文）的使用者决定。梵文选择了自己的路径，并分化出了印地语、孟加拉语、马拉地语以及其他种类繁多的印度语言（后面我们会讨论）。

导致这一现象的具体过程目前仍无定论。在 19 世纪，阶级观念、人格尊严和享乐主义思潮使通俗拉丁语深入人

罗曼斯语族

心。通俗拉丁语是拉丁语的一种低层次形式，后来逐渐退化，演变为现在的许多语言。虽然之后维多利亚时期的进步思潮让通俗拉丁语显得有些不合时宜，但它能满足人们关于祖先的浪漫幻想——他们如此完美，后人却有些令人失望。

拉丁语的"改革者"

有关这方面的叙述有很多材料可以加以证实。公元前3世纪，有一个名叫普罗布斯的拉丁语语法教师写了一本题为《普罗比索引》的书。这本书是以三列形式排版的。在最左边一列，他列出了正确的拉丁语形式，也是他希望人们使用的语言。在中间一列，全都是拉丁语单词"non"（不），而在最右边一列是普罗布斯希望人们能够避免使用的错误形式。下表给出一些例子：

正确的拉丁语	NOT	通俗拉丁语	意义
speculum	non	speclum	镜子
baculus	non	vaclus	木棍
avus	non	aus	祖父
miles	non	milex	士兵
equs	non	ecus	马
favilla	non	faille	灰烬
formosus	non	formunsus	美丽的
nubes	non	nubs	云
aqua	non	acqua	水
glis	non	gliris	榛睡鼠
numquam	non	numqua	从不
vobiscum	non	voscum	和你一起

这本书很长，上图只是其中的一小部分。读读上面的单词，你好像可以依稀听到学校校长愤怒的声音，他一边用手拍打着桌子，一边说："不！不要说X！要说Y！我要告诉

→ 除了拉丁语之外，在查理曼大帝（742—814）统治的帝国内还有其他通用语，查理曼大帝本人可能就使用古高地德语中的一种叫莱茵弗兰康的方言。

罗曼斯语族

你们多少遍，你们才能明白呢？！"

说实话，这段关于拉丁语变化和人们企图阻止其变化的叙述自有些道理。早在公元 5 世纪，圣奥古斯丁就觉得拉丁语比当时的任何一种语言都要纯洁。公元 9 世纪，查理曼大帝觉得拉丁语已经变得不像样了，并试图规定标准的拉丁语语法，从而挽回"正统"的拉丁语。当语言变化被定性为一种衰落时，问题就来了，许多人都希望他们生活的世界能够停留在记忆中的美好时代，并认为任何的偏离都是一种遗憾。但事实上，只要我们稍稍回溯一下就会发现，任何语言都不是一成不变的。罗曼斯语从拉丁语演变而来的历程也不可能例外。印地语、孟加拉语、马拉地语和旁遮普语最终也是由梵文经过各种的古印度中介语演化而来，伊朗诸语言也都是经由同样的方式由古伊朗语演化而来的。

其他理论

一些作家发现，公元 5 世纪那场导致罗马帝国覆灭的蛮族入侵，成了罗曼斯语族兴起的主要动力。这种看法不无道理，一些行政机构和社会纽带不可避免地陷入停顿或断裂，必然导致语言的突变。但是众所周知，早在这场动荡之前，拉丁语的各种变体就已经出现各种变化了，但要厘清在罗马帝国衰落多久之后，拉丁语才逐渐蜕变为全新的语言，却是一个难以达成共识的问题。

一些复杂的社会现象，由于时间和空间的跨度太大，现在很难用单一的历史事件或过程——例如帝国的瓦解或语言标准的嬗变——来解释。即使在罗马帝国的鼎盛时期，在意大利境内，在罗马帝国控制的广大区域内，也一定存在许多不同的口语和书面语的拉丁语变体。为什么人们会使用拉丁语的不同变体，而不是其他语言，比如希腊语的不同变体

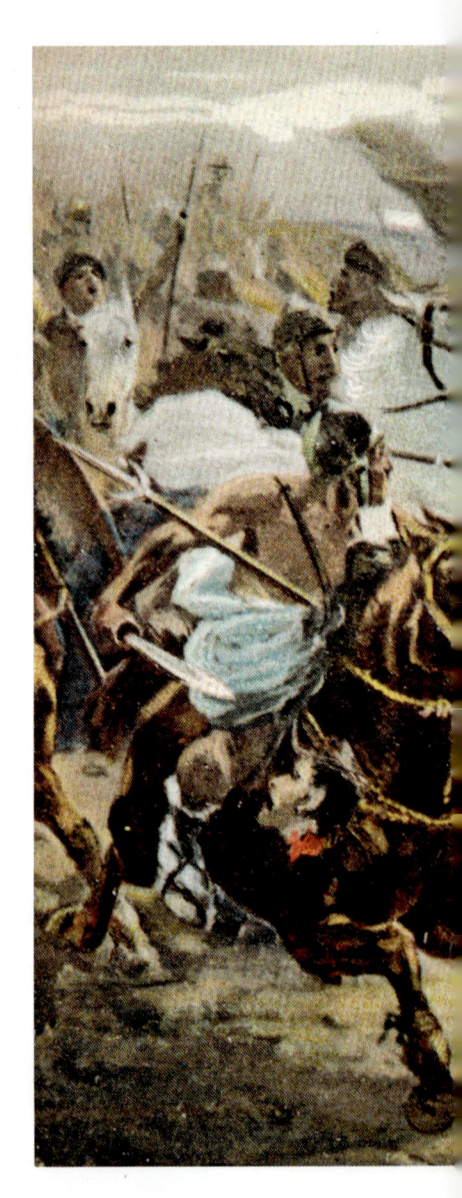

↑ 公元 410 年，西哥特国王阿拉里克一世率领西哥特军队洗劫罗马城，标志着罗马帝国的覆灭。根据相关理论，这导致了罗曼斯语言的崛起。

呢？罗马帝国的影响无疑是一个显而易见的因素，但单靠这样一个简单而又经不起考验的解释，显然无法说明更多。

有人曾经指出，如果罗曼斯语族中除了拉丁语和法语之外再无其他语言，那么你就很难判断拉丁语和法语到底谁是母语，或者这两种语言是否都有一种共同失传了的母语。我们不能因为一种语言（法语）比另外一种语言进化得更彻底、更超前，就得出结论说前者是由后者进化而来。它们有可能都是从同一种语言进化而来，只是进化的速度和方式有所不同。如果你把意大利语、西班牙语和罗马尼亚语排列在一起，就会发现，它们的相似点要比它们与拉丁语之间的相似点还多。它们之间共有的特征意味着，在从同一种母语进化而来的过程中，随着时间的推移，它们采用了相似的进化策略。除此之外，你也不能单凭某种语言变体和另外一种语言变体的区分度达到了一定的百分比，就认为这两种语言变体是不同的语言。

一种新语言的标准

想象一下，假如现在是公元 1300 年，你从意大利南部开始徒步旅行，一直走到法国北部。旅途开始和结束时你所听到的口语将完全不同。但在你从一个村庄走向另一个村庄的过程中，口语的变化又是循序渐进的。时间跨度上的语言变化也与此相同。语言，毫无疑问是不断变化的，但现在语言学家们已不大可能会说："啊哈！看啊！毫无疑问，我们又多了一种新语言。"不管怎样，某种语言的使用者对他们自己的口语变体最有发言权。虽然学者们一直都将公元 842 年的《斯特拉斯堡誓言》视作最早的法语，但没有证据显示，说这种语言的人自认为这就是法语。直到大约公元 1020 年之后，这种语言才逐渐被称作"Francia"或"Roman"。

我们中只有一万个人
会说米兰德斯语

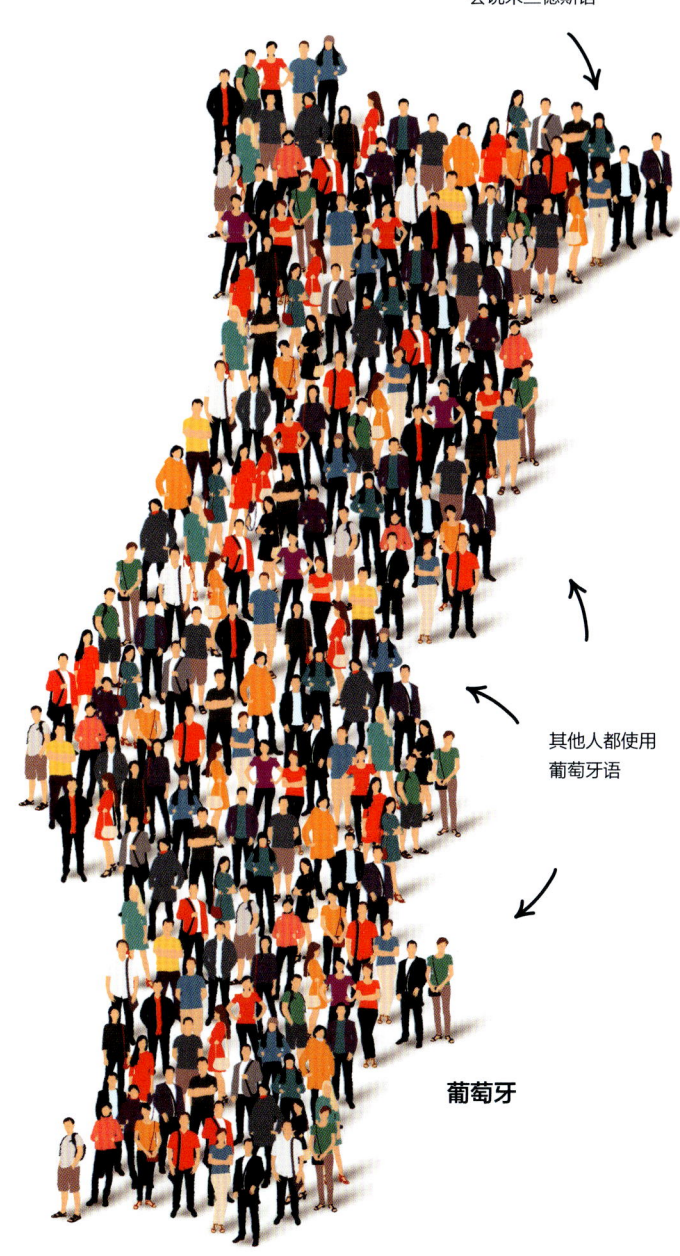

其他人都使用
葡萄牙语

葡萄牙

罗曼斯语族

89

Cuq karolus haec cadẽ uerba romana linguaporasse. Liodhuuig qm maior natu erat prior haec deinde seseruaturũ testatus ẽ.

Pro dõ amur & px̄pian poblo & nr̃o comun saluament. dist di en auant. inquantds sauir & podir me dunat. si saluarai eo cist meon fradre karlo. & in ad iudha & in cad huna cosa. sicũ om p dreit son fradra saluar dist. Ino quid il mi altre si fazet. Et ab ludher nul plaid nuquã prindrai. qui meon uol cist meon fradre karle in damno sit. Quod cũ lodhuuig expless&. karolus teudisca lingua sic ẽe eadẽ uerba testatus est.

In godes minna ind in thes xp̄anes folches ind unser bedhero gealnussi. fon these mo dage frammordesso fram so mir got geuuizci indi madh furgibit. so haldih tesan minan bruodher so so man mit rehtu sinan bruher scal inthiu thaz ermig soso maduo. indiu mit luberen in nohein uu hing nege ganga. the minan uuillon imo

← 公元 842 年，东、西法兰克王国统治者宣誓结盟，签订《斯特拉斯堡誓言》。据说这份誓言是法语书面语的最早记录。

罗曼斯语的不同变体

　　罗曼斯语并没有传播到所有受罗马帝国影响的区域，主要是在西欧地区使用，也就是如今的法国、西班牙、葡萄牙、意大利和罗马尼亚诸国。当然，罗曼斯语也有许多不同的变体。由于语言和方言之间的界限往往难以明确，所以关于罗曼斯语到底有多少种变体，语言学家们莫衷一是。下页的图中大致列出了罗曼斯语的变体、地理范围和使用人口。

　　大多数人都听说过利古里亚语。试想一下，现在世界上有 7000 多种语言，我们大多数人很多语言都从未听说过。但如果你因为米兰德斯语的使用人口只有区区一万，便认为它不能算作一门语言，那你可能需要认真细读一下本书的这一章节，因为这一节讨论的主要就是方言。

　　不过，罗曼斯语的各种变体之间有许多共同之处，尤其是在词汇和形态方面。为什么单单西班牙语中的"狗"是"perro"，其他语言中该词都是与拉丁语"canis"相近的单词呢？"perro"一词的来源现在无从考证，很有可能是从一种毫不相干的语言转借而来的，例如伊比利亚语。在印欧语的使用者们到来之前，伊比利亚人就已经在伊比利亚半岛上定居了。需要指出的是，语言的来源有各种不同的渠道，你无法仅凭一套简单的数学转换公式，就把拉丁语规整地转换成其他的子语言。

法语
chien

意大利语
cane

拉丁语
canis

奥克西唐语
can

罗马尼亚语
câinele

葡萄牙语
cão

加里西亚语
can

西班牙语
perro

↑ 近亲语言受到各种不同语言的影响：例如，在西班牙语中"狗"用"perro"表示，而在罗曼斯语族的其他语言中，其词形都和拉丁语"canis"相似。

语系

罗曼斯诸语言的语法也都十分相似。观察一下不规则动词"to be"，就能发现许多相似之处：

	拉丁语	法语	意大利语	西班牙语
I am（我是）	sum	suis	sono	soy
You are（你是）	es	es	sei	eres
He, she,（他，她）it is（它是）	est	est	è	es
We are（我们是）	sumus	sommes	siamo	somos
You are（你们是）	estis	êtes	siete	sois
They are（他们是）	sunt	sont	sono	son

只需一眼就能看出，法语在形式上和拉丁语最为接近。例如，"êtes"的第一个发音，便是由于其拉丁语原形中 /s/ 的脱落，进而影响到了前面一个元音的发音而形成的。这种现象体现出一个通行的发音规则，在其他语言中也同样适用。

asinus ⟹ *asine ⟹ asne ⟹ âne
拉丁语　　　　　　　　　古代法语　　　现代法语

规则的、可预测的变化与不规则的、不可预测的变化相互交织，造就了罗曼斯诸语言的各种形态特征。为什么拉丁语和意大利语有所不同呢？部分原因是在使用者之间长期的独立演变。这种现象也可以解释为什么印度语言之间十分相似，与伊朗诸语言之间却有着很大的不同。我们将这种音素称为垂直因素（或历时因素），但除此之外，还有水平因素（或共时因素），即通过征服、贸易，或者文化交流，从其他语言中借用一些形式。这些因素统称为区域语言影响。

罗曼斯语族

日耳曼语族

日耳曼语族属于印欧语系，日耳曼语族人群是何时从古印欧语人群中独立出来去其他地区定居的，现在已无从考证。

根据考古学研究，大约公元前 1200 年，北日耳曼部落在瑞典南部、丹麦和石勒苏益格-荷尔斯泰因地区定居下来。大约公元前 700 年，东日耳曼部落也分离出来，并向东朝维斯瓦河方向迁移。到公元前 3 世纪，荷兰和比利时北部已经可以看到西日耳曼部落的踪迹。大约公元 100 年，古罗马史学家塔西佗将西日耳曼部落进一步细分为三部分，分别是英维奥内人、伊斯塔维奥内人和赫尔米诺人（见下图）。

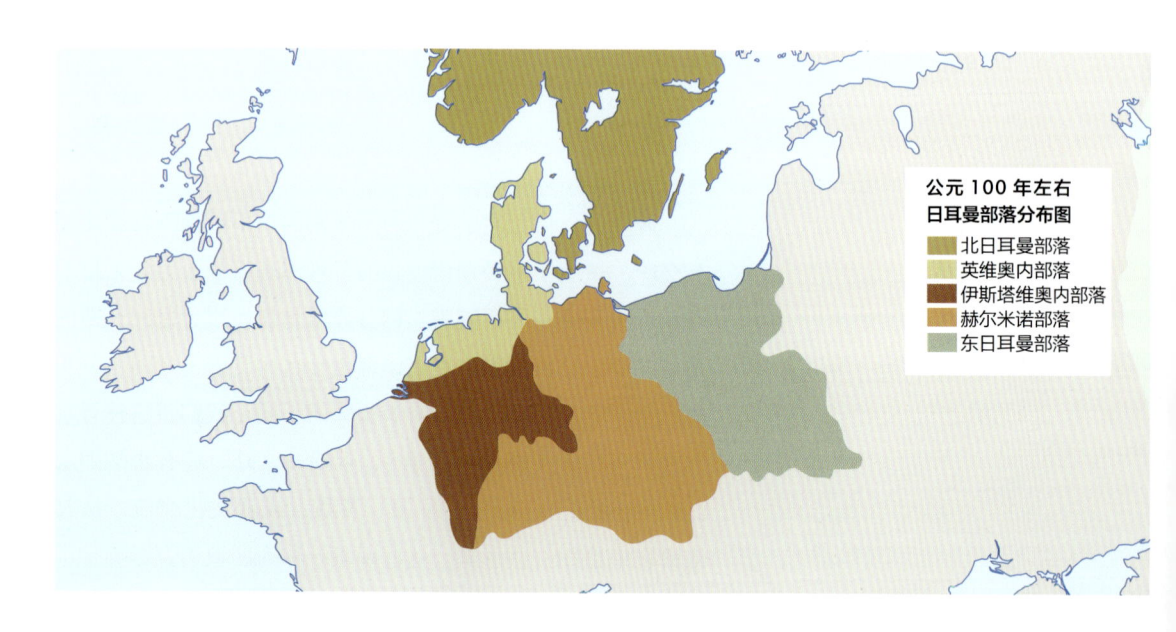

公元 100 年左右日耳曼部落分布图
- 北日耳曼部落
- 英维奥内部落
- 伊斯塔维奥内部落
- 赫尔米诺部落
- 东日耳曼部落

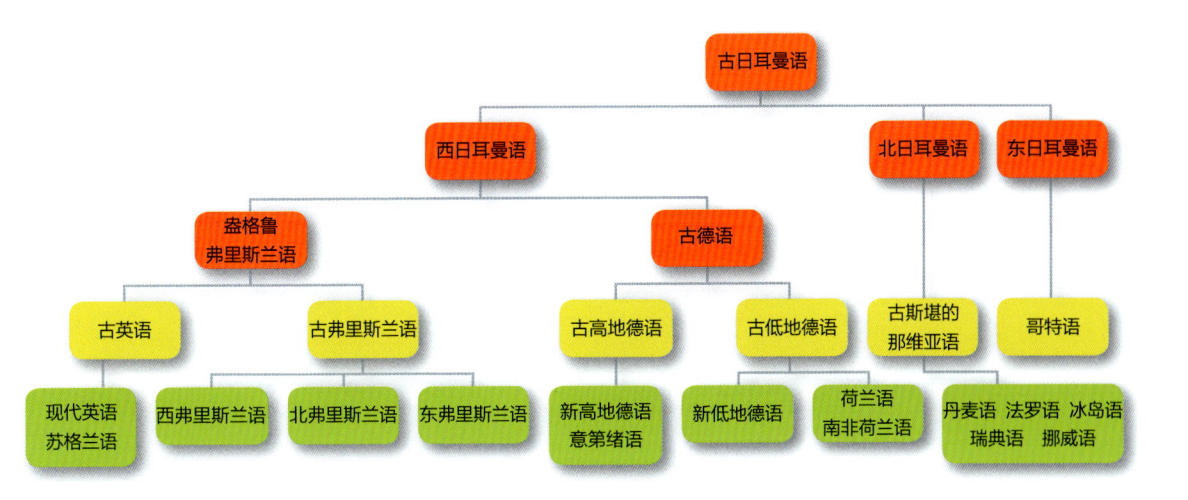

```
                              古日耳曼语
                ┌────────────────┼──────────┬──────────┐
           西日耳曼语                            北日耳曼语    东日耳曼语
       ┌────────┴────────┐
    盎格鲁                古德语
   弗里斯兰语         ┌──────┴──────┐      ┌──────┴──────┐
   ┌────┴────┐      古高地德语   古低地德语   古斯堪的       哥特语
 古英语    古弗里斯兰语                      那维亚语
┌──┴──┐   ┌──┬──┬──┐      │         │         │
现代英语 西弗里斯兰语 北弗里斯兰语 东弗里斯兰语 新高地德语 新低地德语 荷兰语  丹麦语 法罗语 冰岛语
苏格兰语                              意第绪语         南非荷兰语 瑞典语 挪威语
```

↑ 格林标识出了现存的日耳曼语言，黄色表示有历史记载，但是现在已经废弃的语言；红色表示没有历史记载，但是可以重构的语言。

目前仍在使用的日耳曼诸语言主要有英语、德语、荷兰语、丹麦语、挪威语、瑞典语、冰岛语、法罗语、弗里斯兰语、意第绪语、宾夕法尼亚荷兰语和南非荷兰语。其中的意第绪语有点特殊，这一语言的使用人口曾高达 1000 万，分布在德国、波兰和中欧地区。虽然大部分都是德国人，但是不能简单地认为他们所使用的就是日耳曼语言，事实上这是一种由德语、斯拉夫语和闪米特语混杂形成的语言。意第绪语早在 12 世纪时就已得到证实，并且它的书写使用也是典型的希伯来语方形字母。

日耳曼语族诸语言之间都相互联系，可以归入树形图中（见上图）。树形图最下面的部分是目前仍未明确的大量语言，新高地德语只是一个用来表示现代标准德语的术语，德国和瑞士部分地区所使用的就是新高地德语。新高地德语同样也有许多不同的变体，语言学家们也把它们归类为语言，而不是方言。可以参考下页表中给出的示例。

新低地德语指的则是使用于德国北部和荷兰东部的德语变体。

日耳曼语族

语言	使用人数	地域
巴列丁奈特弗兰哥尼语	40万	普法尔茨州
里普利安语	25万	北莱茵-威斯特法伦州
上撒克逊语	200万	德累斯顿 莱比锡城 安哈尔特州
斯瓦比亚语	82万	巴登-符腾堡州
辛布里语	0.3万	特伦托地区 维罗那 维琴察
默契那语	0.2万	特伦托地区 维罗那 维琴察
下西里西亚语	1.2万	西里西亚省（波兰）

日耳曼语族诸语言的音变模式

就语音而言，日耳曼语族所有的语言都曾经历了一系列重大而有特点的变化，从而使它能够区别于印欧语系的其他语言。这些变化统称为第一日耳曼语语音演变（也叫格林定律，以其发现者雅各布·格林的名字命名。雅各布·格林是德国语言学家，也因与其弟威廉·格林合著了《格林童话》而闻名于世）。只需要观察一些词汇，一切就一目了然了（见下页表格）。

格林定律实际上包含了三种语言音变：1. 清塞音演变成清擦音；2. 浊塞音演变成清塞音；3. 浊送气音演变成浊塞音。

但我们紧接着又会注意到一些令人疑惑的不规则变化。如果原始的"*p"会演变为"f"，那么现代德语的"sieben"（七），为什么又存在浊塞音？与之相比，拉丁语中这个词则是"septem"。丹麦语言学家卡尔弗纳发现了个中原因。在原始印欧语中，当"*p""*t"或"*k"出现在单词的中间，并且其前面一个音节不重读时就会出现例外，也就是说，格

发音	拉丁语/印欧语词根	哥特语	英语	变音法则
p	pater	faðar	father	格林定律 1
t	turba	þaúrp	-thorp	
k	caput	haubiþ	head	
b	*dheub	diups	deep	格林定律 2
d	decem	taihun	ten	
g	genu	kniu	knee	
bh	*bher-	baíran	bear	格林定律 3
dh	*dheig-	daigs	dough	
gh	*wegh-	gawigan	cf. wagon	

林定律第一条所代表的不是变音的最终形式，进一步的演变会导致浊辅音的产生。

只要看一看两个表示亲属关系的单词，我们就能清楚地明白其中的玄机。原始印欧语的"*bhráter"（兄弟），重音落在第一个音节上，与梵文中的"bhrát-"极为相似。古英语中的"brōþor"也可能是与之类似的发音。（这里的"t"读作"thorn"，是一个清擦音，其在单词中发音类似于在现代英语的"thin"中的发音。）而原始印欧语的"*patér"一词，重音则位于最后一个音节，与梵文的"pitár"相似。古英语"faeder"一词中的浊塞音，则是受维尔纳音变法则影响的结果。因此，如果重音出现在辅音之前，那么这个辅音就会变成浊音，但是如果重音出现在辅音之后，那么这个辅音就保持不变，还是发成清音。

从英语单词"éx-it"和"ex-ís-ted"的发音也可以发现一些痕迹，前者重音位于第一个音节，许多人都习惯把 /x/ 发成清辅音，读作"ék-sit"；而后者的重音则落在第二个音节上，许多人把 /x/ 发成浊辅音，听起来就像是 "eg-sís-ted"，这绝非偶然。

日耳曼语的语序

许多德语学习者在刚接触到德语时，就会为它独特的语序所震惊。大家看看下面这个句子："Heute glauben wir daß diese Politik gefährlich ist."（今天相信我们这个政策危险的是。）为什么不说"我们相信"，反而说"相信我们"？为什么不说"是危险的"，而要反过来说"危险的是"呢？稍不留神，我们还以为听到的是《星球大战》中的外星语呢!（例如，"何时九百年老你达到，看上去一样好你将不会"。）

既然德语是由一些最原始的语言演变而来，例如吠陀梵语、赫梯语、荷马时期的希腊语和早期拉丁语，那么演化出日耳曼语族的古印欧母语最早想必也属于 SOV 型语言（主语—宾语—动词），即句子的开头都是主语，然后是宾语，

← 德语同声传译员做同声传译时很难，主要原因是德语中动词并不会先出现，同声传译员必须听到更多的单词才能开始翻译。

↑ 现代德语中，在疑问句、祈使句和条件句中，动词可以居于句首。

最后才是动词。在拉丁语中，虽然其他语序也是被允许的，但是"Homo canem videt"（男人看见狗）才是其最自然的形式。（因为在屈折语中，语序的变化可能会造成歧义。）

德国印欧语系专家雅各布·瓦克纳吉尔于1892年指出，在许多印欧语系的语言中，某些成分可以放在句子的第二个位置。这些成分不会重读，叫作重读词后词。瓦克纳吉尔尤其注意到，在梵文中，主句的动词为非重读词。因此在早期的印欧语言中，动词有向从句句首移动的趋势。这种慢慢"左移"的现象很明显，我们可以在早期的北欧古文本（早于公元600年）中看到，即在一般的陈述句中动词位于主句句首。由此可以得出结论，德语动词有着漫长的迁徙史。

日耳曼语族

在现代德语中，最常见的语序为 SVO（主语—动词—宾语）、SVA（主语—动词—副词短语或从句）、AVS（状语从句—动词—主语），或者主要用于诗歌的 OVS（宾语—动词—主语）。除了在疑问句、祈使句或者条件句中，动词均不能提前。实际上，这种趋势的原则就是，在主句中动词只能放在第二个位置，这就可以解释上例中我们为什么只能说"heute glauben wir"：因为副词"heute"置于句首，按规定动词应当紧随其后，而主语就必须放在最后的位置了。如果这个句子是以"Wir glauben"开头，但是句中没有状语，句中的动词将还是被置于第二位。

关于从句["daß diese Politik gefährlich ist"（这项政策是危险的）] 中的动词为什么置于最后，其中一个解释为，德语中保留了古印欧语将动词置于句后的趋势。但是历史证据显示，又可能并非如此。在 16 世纪的纽伦堡档案馆文件中，才第一次发现动词后置广泛应用的实例，此前根本不存在独立从句将动词后置的偏好。到 18 世纪，学校语法书中已将其规定为标准用法——是不是一些识文断字的社会精英们因为学习和模仿拉丁语，才产生了这样的用法呢？这个问题目前仍存在争议。同声传译员们会告诉你，把德语口译为英语、法语或意大利语特别困难，原因就在于句子都快要说完了，动词是什么却还不知道。

凯尔特语系

公元前 5 世纪，古希腊历史学家希罗多德在他的著作中提到，凯尔特人曾经在多瑙河畔居住过，也就是现在德国南部的黑伯廷根附近。

在欧洲铁器时代，凯尔特人在两个重要时期扮演了不可或缺的角色，分别是初期铁器时代（公元前 8 世纪到公元前 6 世纪）和拉特尼文化时期（公元前 6 世纪到公元前 2 世纪）。现在我们还不清楚凯尔特人是何时与其他印欧人分道扬镳的，但是他们的踪迹遍布西班牙、法国、德国、中欧，甚至安纳托利亚，东至不列颠和爱尔兰，南至意大利北部。在公元前 250 年到尤利乌斯·恺撒入侵不列颠之前，凯尔特人一直是不列颠群岛的统治者。

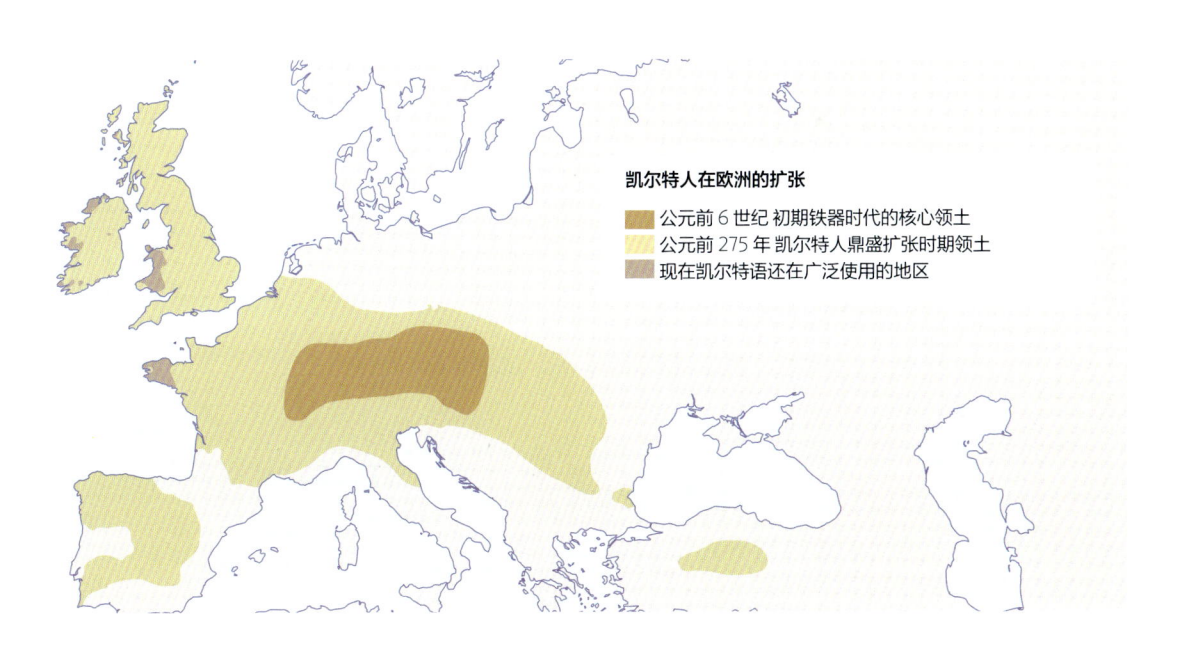

凯尔特人在欧洲的扩张
- 公元前 6 世纪 初期铁器时代的核心领土
- 公元前 275 年 凯尔特人鼎盛扩张时期领土
- 现在凯尔特语还在广泛使用的地区

凯尔特语变体

凯尔特语是凯尔特人使用的各种语言变体的总称。有学者使用大陆凯尔特语和海岛凯尔特语这样的术语，来区分在欧洲大陆和不列颠群岛所使用的凯尔特语的不同变体。这种分法反而会让人感到困惑：布列塔尼语被归类为海岛凯尔特语，因为其早期使用者是从不列颠迁徙而来的。典型的大陆凯尔特语有高卢语、勒庞蒂语和凯尔特伊比利亚语。高卢语的使用者是高卢人，包括现在的法国、瑞士的一部分、意大利北部和匈牙利的部分地区。意大利北部发现的碑铭文证实了勒庞蒂语的存在，而在西班牙东北地区发现的碑铭文也证实了凯尔特伊比利亚语曾经存在过。大约公元 600 年，大陆凯尔特语的所有语言便都灭绝了。

语言学家们也常常用 P 型凯尔特语和 Q 型凯尔特语这两个术语来区分不同的凯尔特语。在布立吞凯尔特语群中，原来从印欧语言中继承而来的唇软腭音"*kw"演变为唇音 /p/，在戈伊德尔语群中却演变成软腭音 /k/（由于历史原因用字母 Q 来表示），例如现代爱尔兰语中的"cam"，意思是"弯曲"。

例如，在印欧语中"五"这个单词为"*kwenkwe"，而在同属于布立吞语群（P 型凯尔特语）的威尔士语中，两个唇软腭音都变成了唇音 /p/，因此威尔士语中的"五"就变成了"pump"。在属于戈伊德尔语群的古爱尔兰语中，唇软腭音演变成了软腭音 /k/（拼写为 C），因此古爱尔兰语中的"五"是"cóic"。

印欧语言中的"马"是"*ekwos"，高卢语中的女马神"Epona"便得名于此，这个单词中的 /p/ 就是从 /kw/ 演变而来的，这表明高卢语也属于 P 型凯尔特语。因此，P/Q 型凯尔特语的区别并不等同于海岛 / 大陆凯尔特语的

海岛凯尔特语

P型凯尔特语 布立吞凯尔特语		Q型凯尔特语 戈伊德尔语	
北部	南部	西部	东部
威尔士语	康沃尔凯尔特语 / 布列塔尼语	爱尔兰语 / 马恩岛语	苏格兰盖尔语

区别。

"四"这个单词也可以说明同样的问题：

4

*KWETORES

古爱尔兰语　　威尔士语
ceth（a）ir　　pedwar

现存的凯尔特语只有6种，均为海岛凯尔特语。分类见左图。

在英国，现在我们还能发现一些凯尔特语变体的痕迹。例如，主要使用于坎布里亚郡的坎伯兰语，可以在约克郡这样的地方找到相似的变体。我们常说的坎伯兰计数法，一种用于数羊的方法，现在还在英格兰北部一些地区使用。在斯韦尔代尔地区（还有很多这样的地方）发现的坎伯兰语变体之间存在的许多联系表明，在计数方面，坎伯兰语和威尔士语十分相似。

数字	斯韦尔代尔地区坎伯兰语	威尔士语
1	yan	un
2	tan	dau
3	tether	tri
4	mether	pedwar
5	pip	pump
10	dick	deg
15	bumfit	pymtheg
20	jiggo	ungai

海岛凯尔特语的语音突变

海岛凯尔特语发音体系中最为显著的特征之一就是语音突变现象。根据环境的不同，一个单词位于词首的辅音会发生相应的变化。以威尔士语为例，在词典中，"猫"一词为"cath"，但在不同的情况下，它可能变成"gath"（辅音弱化）、"ngath"（鼻音化）或者"chath"（送气音）。这四个单词虽然发音和拼写各不相同，意思却是一样的。某种程度上，这种现象在其他语言中也同样存在（在梵文中表现最为明显，通常被称为连接音变）。不过这一现象也有语法方面的因素：

  ei gath fy ngath ei chath
  他的猫 我的猫   她的猫

从上面的例子中可以看到，即使前面的单词用的都是"ei"，在"他的猫"这一短语中，"猫"一词的形式依然是"gath"，"她的猫"中用的却是"chath"。因此，语音突变不仅是语音的问题，其中还有语法的因素。不管原因是什么，由于语音突变的存在，我们在查阅词典时要多费不少力气。在常用的威尔士语词典中，你是查不到"ngath"这个单词的，因为词典编纂者认为这些音变规则是众所周知、不言而喻的。

斯拉夫语族

和罗曼斯语族一样，斯拉夫语族也属于印欧语系，不过属于不同的分支。

罗曼斯语族是由拉丁语演变而来的，我们至今却仍未找到斯拉夫语族的母语（即原始斯拉夫语）存在的直接证据。语言学家们只能通过各种现存的斯拉夫语（和其他印欧语言）进行推理，以期重构出原始斯拉夫语。

我们所能确认的、最早的斯拉夫语叫作古教会斯拉夫语。现存的文本都是与《圣经》和宗教仪式相关的内容，大多是在基督教向斯拉夫领地传播的过程中，从古希腊语翻译而来。最早的手稿可以追溯到公元 10 世纪或 11 世纪，其记载的内容却可以追溯至公元 9 世纪晚期，而且是用独特的格拉哥里字母写成的，这种字母与圣西里尔创造的现代俄语字母（即西里尔字母）有很大区别。但是也有一些现代斯拉夫语使用的是拉丁语字母（例如捷克语和波兰语）。

就语言种类而言，斯拉夫语族不算庞大，其使用人口却规模不小，主要分布于中欧和东欧地区，其中使用人口最多的当属俄语（1.38 亿）。乌克兰语的使用人口约为 3300 万，还有大约 3900 万人使用波兰语，至于其他斯拉夫语言，尽管拥有辉煌的文化，使用人口却相对较少，总计不超过 1000 万。左图为斯拉夫语族的语言人口构成图。

斯拉夫语族的特征

与其他印欧语系的语言相比，斯拉夫语族最为明显的语音特征或许是大规模的腭音化。也就是说，在发音过程中，

↑ 斯拉夫语系的语种相对较少，但是在中、东欧地区使用人口达 2.2 亿。

舌头中部向硬腭处拱起，导致塞音和擦音发生变化。例如俄语中的齿塞音 [t]，其腭音变体也同时存在，其发音记录为 [ty]，其腭音是用标在右上角的"y"来表示的。回忆一下英语中的"too"和"tube"的发音，你就能感受到其中的区别。在"tube"的发音中，[t] 后面还有一个类似滑音的效果。比较一下法语中的"anneau"（铃声，非腭化音）和"agneau"（羊羔，腭化音），同样能发现这种反差。

俄语中的每个唇音"p, b, f, v, m"和每个齿音"t, d, s, z, n"都有相应的腭化音，这意味着我们仅凭腭音区别，就能找出单词的最小语音对。例如"brat"（兄弟）和"braty"（拿走），"mat"（挫败）和"maty"（母亲）。虽然词尾的硬腭滑音发音短促，但极具识别性。这个语音并不是斯拉夫语族独有的，比如英语中也有"catty"。

音与屈折变化

俄语的另一个显著特征就是重音可以影响单词中元音的音质。虽然这种现象不是俄语独有，但是在俄语中这种现象很普遍而且很典型，因此像"golova"（意思是"头"，在国际音标中用 gəlʌva 标识）这样的单词读音和拼写并不一致，因为这个单词的重音在最后一个音节上。结果就是第一个音节本来是明显的 o- 元音却要被迫发成 a- 这样的中短元音（就像德语的"bekommen"，意思是"获得"）。第二个"o-"元音也要发成类似的"a-"元音，但是舌位要稍微低一点。在俄语中这种现象被称为抬舌音。除了儿童读物，俄语中的单词书写时都不带重音标记，要想准确无误地读出某个单词，语言学习者必须了解每个单词的重音位置。

大部分斯拉夫语族的语言都高度屈折化，也就是说，斯拉夫语族使用大量的前缀、中缀和后缀来标记语法意义。保

硬腭　　　　　　　　　　　　　　硬腭

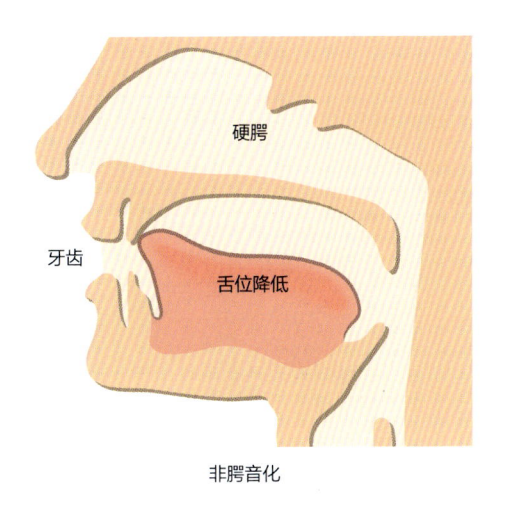

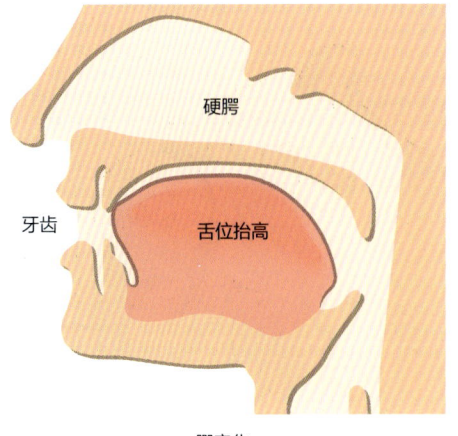

牙齿　　舌位降低　　　　　　　牙齿　　舌位抬高

非腭音化　　　　　　　　　　　　腭音化

↑ **腭音化**
斯拉夫语系与印欧语系的显著差异就是前者大量使用腭化音。

加利亚语和马其顿语从原始斯拉夫语继承下来的格变化已所剩不多,在古教会斯拉夫语中却依然可以看到。不过,在俄语、乌克兰语、白俄罗斯语、索布语、斯洛伐克语、斯洛文尼亚语、捷克语、卡舒比语和波兰语中,单名词的变格就多达六七种,这些证据表明,上述的语言就结构而言变化并不大。

俄语中的体态和时态

　　随着时间的推移,英语、法语、西班牙语、意大利语和希伯来语等其他许多语言也基本丧失了格变化,转而通过词序和介词来达到同样的效果,但并不是所有的语言都是这样。

　　俄语动词在很多方面都极其精密复杂,原因之一便在于俄语的"体"。许多人对时态都比较熟悉,时态即指根据特定的时间范围来安排动词的变化。因此,法语中"je donnai"

斯拉夫语族　　　　　　　　　　　　　　　　　　　　　　　　　　107

非完成体

完成体

（我给过了）表示动作发生在过去，而"je donnerai"（我会给）则表示动作将要发生，但是"je donnais"（我过去正在给）是表示什么呢？是不是和"je donnai"一样表示过去呢？二者的区别不在于动作是何时发生的，而在于动作是怎样发生的，描述的是动作内在的时间延展性。"je donnai"描述了一个动作是有始有终、有界限的，而"je donnais"描述的只是一个动作，至于这个动作是否完成，我们不作评论，也许这个动作在完成之前就已经被放弃了。我们称有界限的体叫完成体，没有界限的体叫未完成体。

在俄语中，这种看待事物的方式十分普遍。俄语中的

↑ 俄语动词比世界上大部分语言的动词都要精密复杂，每一个动作都有两个动词可以选择，不仅可以表达事件是何时发生的，还可以表达是如何发生的。例如，过去完成体用来表达一个事件——"我写了十封信"，而非完成体表达的是没有完成或不断重复的动作——"我每天都写很多信"。

语系

动词都是完成体和非完成体成对的，这种区别超越了时态和语气，甚至影响到动词不定式"to X"和分词"Xing"。过去完成体表达的是一个单一的事件，例如"ya pazvanil［完成体］i skazal［完成体］nyet"（我打过电话而且说了不），过去非完成体代表一个动作没有完成或者动作重复进行，例如，"ya zvanil［非完成体］kazhdiy dyen"（我每天打电话）。

现在非完成体表达的是一般性的现在正进行的动作，这一点和其他许多语言一样，例如"stroit"（他正在建造）。但是如果完成体形式和动词的现在时态的结尾连用，就形成了将来完成体，比如"po-stroit"（他将建造），这是因为你不能用一个现在时来表达一个已完成的动作。任何时候俄国人只要使用动词，就得把这些问题考虑清楚。说其他语言的人也可以表达同样的内容，但是他们没有必要考虑这么多。

俄语中的动词

俄语中动词的动态也难以捉摸。在世界上大多数语言中，如果要表达你想去银行，你会使用中立动词"to go"。而在俄语中，你会面临一连串的选择。首先，你必须选出一对动词，选择是"步行去"（idti; khodity）还是"乘交通工具去"（ekhaty; ezdity）——你不得不传达这个信息，因为俄语中没有一种可以让你略去这一信息的中立表达形式。然后，你需要在选出的动词对中进一步作出选择——选择其中哪一个？一个动词是用来描述在某个特定时间的单程旅途，另一个动词则含有往返或者前往的地点不止一个的意思。因此，如果你在大街上偶遇某人，想问问他去哪里，你就得用"idti"；如果警察拦住一个骑摩托车的人，也问他同样的问

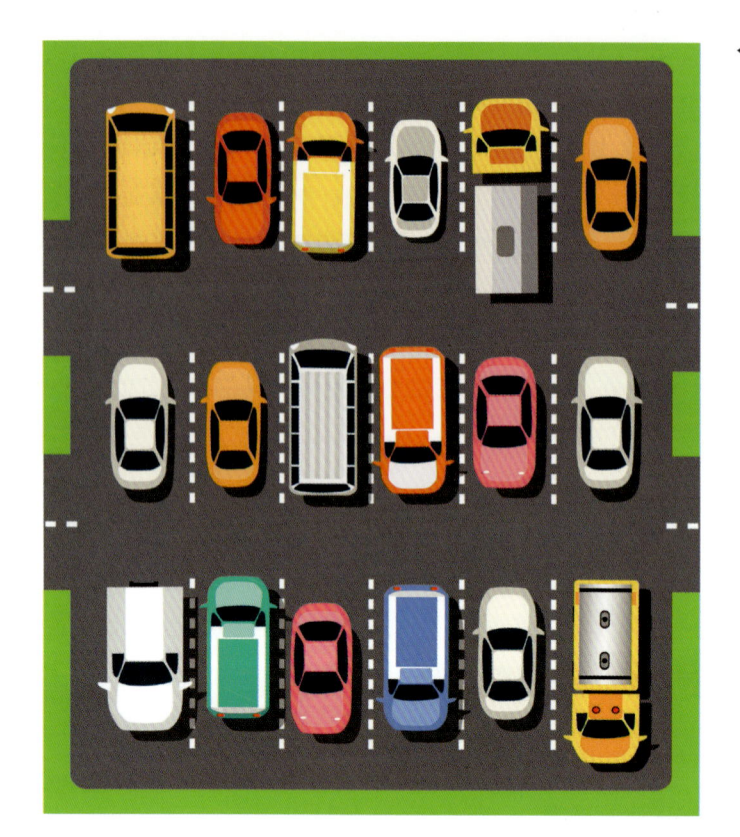

← 如果你用俄语表达想去某个地方，动词的形式取决于你是走路去还是乘坐交通工具去。

题，那么警察就得用"ekhaty"；但是如果你在家里询问家人是否去了剧院，你可能就得使用"khodity"，因为去了剧院最终还得回家。如果你想表达"米哈伊尔住在圣彼得堡的时候，经常开车去上班"，就会用到"ezdity"，因为通常来讲，开车上班后还得开车回家。俄语中一共有14个常用动词以这样令人困惑的方式发挥着作用。

语系

闪米特语族

闪米特语族是亚非语系的一个分支，闪米特诸语言之间在结构和词汇上极其相似，因此可以将其视作一个整体来研究。

闪米特语族的各种语言中，最为人们所熟知的当属阿拉伯语。阿拉伯语有超过 3.5 亿的使用人口，分布于东起伊拉克、西至摩洛哥之间的广阔地带。闪米特语族中现存的语言还有希伯来语和亚述语，后者是其使用者对阿拉姆语和古叙利亚语各种现代变体语言的统称。还有在非洲之角地区广泛使用的阿姆哈拉语（吉兹语或埃塞俄比亚语的现代变体）、提格雷语和提格里尼亚语，以及马耳他地区使用的马耳他语。闪米特语族中还包含了许多已经消亡的古老的语言变体，现在只能在学术著作中看到（如阿卡德语、南阿拉伯碑文、乌加里特语、埃卜拉语、亚摩利语和摩押语），抑或仅是因为宗教目的而流传下来（如希伯来圣经、经典阿拉姆语和经典古叙利亚语）。

闪米特语的来源

不了解闪米特诸语言的历史以及它们之间的内在联系，就很难理解闪米特语族。但关于闪米特语族的确切起源以及传播扩散过程，目前仍存在很大争议。有些人认为闪米特语族的真正发源地应当是黎凡特地区（即现在的以色列和叙利亚地区），而另一些人则认为应当是更加广阔的阿拉伯半岛。无论闪米特语族人口迁移的历史真相如何，我们依然可以根据其共同特征，将闪米特语族大致分成几个不同的语支。问题只在于如何把分类的结果展示出来，因为许多语言学家认为，虽然遗传树形图可以清楚明白地展示印欧语系的分类情况，对闪米特语族却不适用。闪米特语族使用的范围相对局限，因此区域间的语言影响（相邻群体之间的直接交流导致的语言借用）便不容忽视。以基因进化的角度作比，不同语言之间存在明显的"混血"。发音、句法和词汇等方面的共同特点，可能便是这种"混血"所导致，不一定是直接遗传而来。

正如公元前300年到公元600年之间通行于地中海地区

← 阿卡德王国的萨尔贡铜像。自公元前3000年到公元前1000年，美索不达米亚平原上使用的语言就是阿卡德语。

的通用希腊语以及中世纪通行于欧洲的拉丁语一样，很长一段历史时期里，中东地区的通用语言为阿卡德语，这也是一个不容忽视的因素。从公元前16世纪到公元前6世纪的1000年间，阿卡德语的各种变体（例如巴比伦语和亚述语）在中东地区被广泛使用。在波斯人击败了亚述人之后，皇室阿拉姆语（另一种闪米特语言）凭借官方语言的身份占据了主导地位。从这里也可以看出，一些语言特征极有可能并非先天遗传，而是由于后天的影响而形成的。闪米特语族的内部情况十分复杂，试图用基因分类的方法来给闪米特语言进行分类可能行不通。因此，尽管闪米特语言是可以分类的，使用树形图来分类却必然会引发争议。

词根与规律

闪米特语言中最为显著的特征就是它是一种词根规律的语言，请看下面的阿拉伯语单词：

kataba	他写了
yaktub	他写
uktub	写
kitaab	书
kutub	很多书
kaatib	作者
maktab	办公室
maktabah	图书馆
maktub	写过了

明显可以看出，这些词的基本形态都是K-T-B，通过重新安排字母的顺序并根据规律插入元音，就可以变成其他含义的单词，这就是闪米特语言的规律。语言学家把KTB看作词的词根。它在口语中完全不存在，因为它是不发音的，

闪米特语族

但它深深地印在说话人的脑海中,他们明白如何运用其他词根创造类似的词汇关系。

在闪米特语言的整个语法体系中,最为突出的部分就是动词。在斯拉夫语族中,你了解了既有体又有时态的语言特征;在闪米特语族中,每个动词都有完成体和非完成体的屈折变化。动词完成体的形态变化有时又叫作后缀变形,因为与人称相关的变化都是用后缀来标识的,比如阿拉伯语中的"katabtu, katabta, katabti, kataba, katabat"(我写过,你〈男性〉写过,你〈女性〉写过,他写过,她写过)。非完成体的形态变化则通常被称为前缀变形,因为这种变化主要是用前缀来标识,但有时也会用后缀来标识,比如上面提及的"写"这个单词的相应非完成体标识分别是"aktubu, taktubu, taktubiina, yaktubu, taktubu"。

总体而言,上面提及的表达方式都没有指示事件发生的时间,而只是标识了时间的延展。完成体有可以对应过去时的功能,不过这是因为其动作原本就是过去发生的。它也可以用来表示普遍的真理(例如,观察员们一致同意……)。非完成体则是用来表达现在和将来。语境,特别是时间副词和其他类似的标记,对于消除歧义至关重要。

像拉丁语这样的印欧语言有很多时态,却只有两种语态(主动语态和被动语态)。古希腊语的时态就更多了,而且还多了一种语态(中间语态,有表示反身和不及物的功能)。闪米特语没有真正意义上的时态,只有两种不同的体,却有大量不同于拉丁语和希腊语语态的派生形式,可以用来表示同样的信息。

例如在古典希伯来语中,一般完成体动词"qatala"的意思是"他杀了"。但只要稍加改变,就会产生许多不同的含义。

→ 右图是希伯来祷告书《罗斯柴尔德祷告书》中的一页。上面写明这份原稿是1490年书写于佛罗伦萨,并记载了当年祷告人员的顺序。

闪米特语族

115

语法形式	示例	译文
Kal	qatal	他杀了
Niphal	niqtal	他被杀了
Piel	qittel	他谋杀了
Pual	quttal	他被谋杀了
Hiphil	hiqtiil	他杀了 X
Hophal	hoqtal	X 被杀了
Hithpael	hitqatte	他杀了自己

可以看出，希伯来语是通过动词的不同标记（语法化）来表达英语和其他语言中用屈折的词汇形式（词汇化）所表达的含义。因此，在法语中你可能会用一个特殊结构，如在"se faire"后加上动词不定式来表达"Je me suis fait couper les cheveux"（我把我的头发剪了）。而在希伯来语中"让某物剪掉"的意思是"使得某物被剪掉"，因此，原则上来说，你只要把动词"剪"放到希伯来语的使动结构中就可以了。

在阿拉伯语中，动词有多达 15 种不同的形态，其中有些形态使用频率不高，或者并不能适用于大多数动词。类似的变形规则在阿拉伯语中叫作二型规则。和希伯来语一样，这个规则就是在三个字母组成的词根中，双写中间这个字母，这样做有加强意义的作用："qatala"是"他杀了"的意思，而"qattala"是"他谋杀了"的意思。阿拉伯语三型规则在希伯来语找不到对应，形式为"qaatala"，意思是"他企图杀"。

此外，还有其他一些形态，比如使动形态、反身形态和被动形态。九型规则十分少见，主要用于表达颜色或缺陷的动词词根，例如"ihmarra"（它变红了）和"iswadda"（它变黑了）。

→ 阿拉伯语的动词形式很难在其他语言中找到。九型规则主要用在表达颜色或缺陷的动词词根上，例如表示物体变红了，或人的脸色开始变红了。

印欧语系的使用者用语法化的方法来给动词标记时态和体，而闪米特语族的独特之处，部分在于其语体的特点，更多还是在于这些派生形式。语言对比便是洞悉各种语言在表达上的不同之处，从中可以窥见这些语言的使用者在描述世界、观察世界时所表现出来的微妙差异。

突厥语族

> 起源于遥远东方的一种语言，被语言使用者一直向西传播至土耳其。

大多数人都知道土耳其语是土耳其人使用的语言。但是很少有人知道，哈萨克语、阿塞拜疆语、吉尔吉斯斯坦语，还有俄罗斯中部地区使用的楚瓦什语，以及西伯利亚地区使用的多尔干语等都属于突厥语族。突厥语族起源的具体位置还有待考证——可能是在现今蒙古国的北部某个地方，这里曾发现过公元 8 世纪的古突厥语文献，这是关于突厥语族最早的书面证据。

虽然突厥语族的各种语言分布十分广泛，却有着惊人的相似之处，这使得确认它们之间的基因关系变得十分困难。最简单的办法是确定它们的地域分布。突厥语族的使用人口大约有 1.6 亿，其中土耳其语的使用人口约占 40%，其余为突厥语族的其他语言变体。

和突厥语族中的其他语言一样，土耳其语中的单词一般不会用两个或两个以上的辅音开头，如果土耳其人想说"蝎子鱼"，他们会用"iskorpit"；同样地，想要说"酒"，他们就用"ispirto"。很明显，这是直接从印欧语言中的"spirit"借用而来。

元音和谐

突厥语族最为显著的语音特征就是元音和谐，这就意味着一个单词中的第一个元音的质量会影响到后续所有元音。因为这种影响是从第一个音节开始，并影响到后面的音

→ 右图是一份手稿，用奥斯曼时期的突厥字母书写而成，1928 年用拉丁字母改写。

الصفحة اليمنى (المخطوط الدائري)

- أبو بكر الصديق رضي الله تعالى عنه
- عمر الفاروق رضي الله تعالى عنه
- لا إله إلا الله وحده لا شريك له
- بسم الله الرحمن الرحيم
- لا إله إلا الله
- محمد رسول الله
- علي المرتضى رضي الله تعالى عنه
- عثمان ذو النورين رضي الله تعالى عنه
- لا إله إلا الله، له الملك وله الحمد وهو على كل شيء قدير

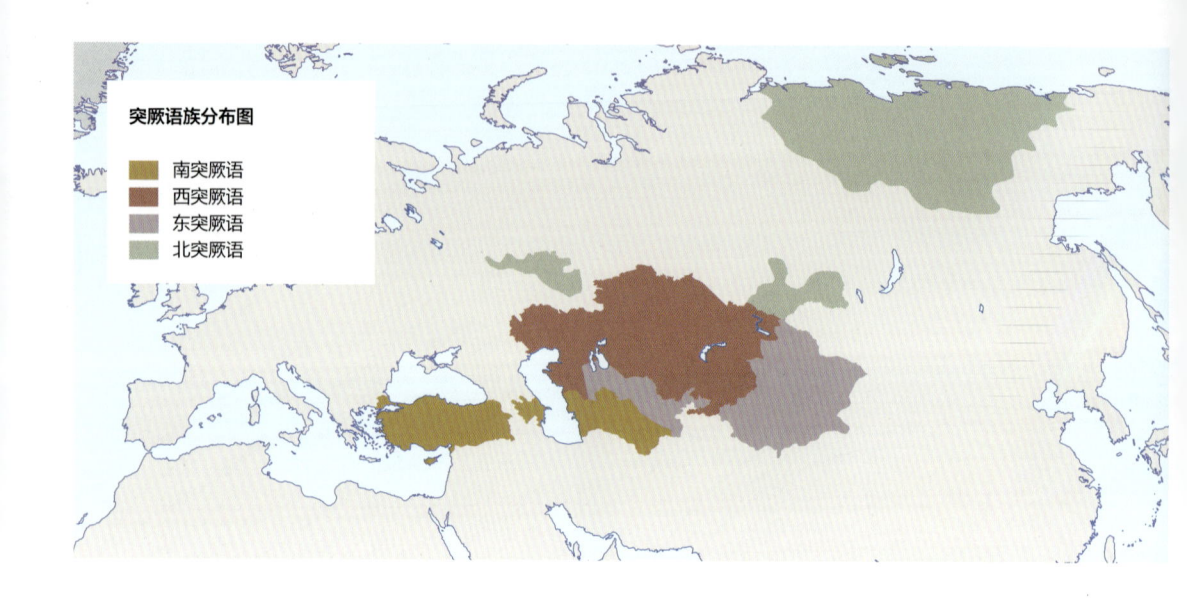

突厥语族分布图

- 南突厥语
- 西突厥语
- 东突厥语
- 北突厥语

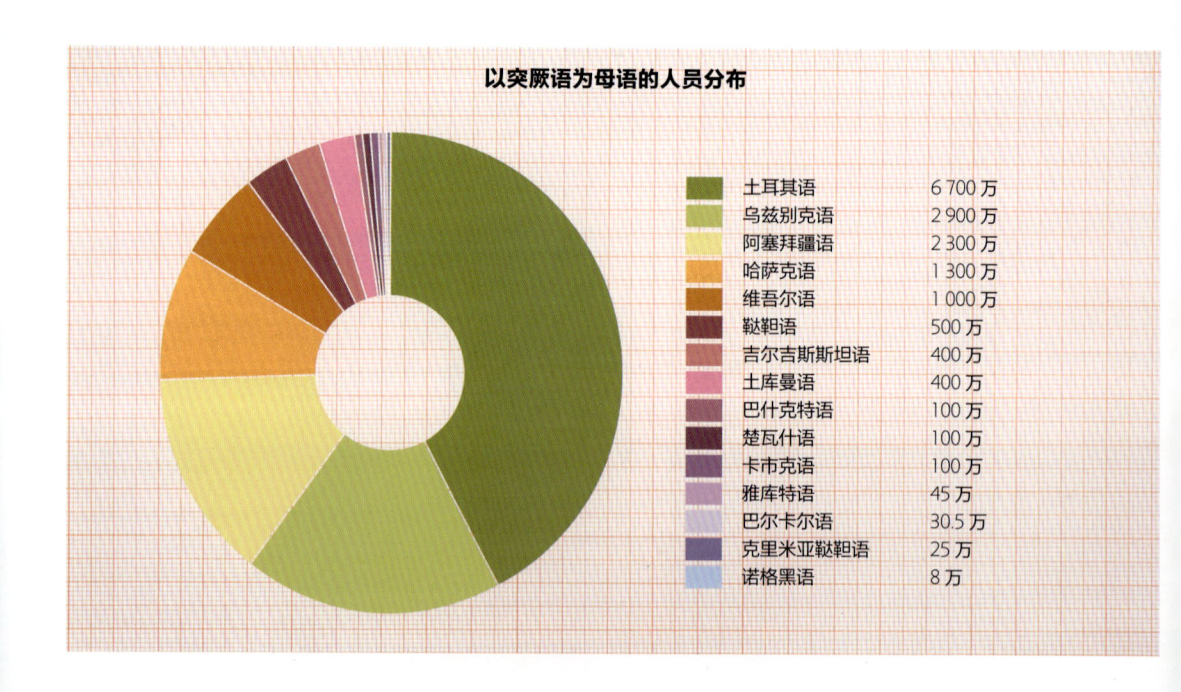

以突厥语为母语的人员分布

土耳其语	6 700 万
乌兹别克语	2 900 万
阿塞拜疆语	2 300 万
哈萨克语	1 300 万
维吾尔语	1 000 万
鞑靼语	500 万
吉尔吉斯坦语	400 万
土库曼语	400 万
巴什克特语	100 万
楚瓦什语	100 万
卡市克语	100 万
雅库特语	45 万
巴尔卡尔语	30.5 万
克里米亚鞑靼语	25 万
诺格黑语	8 万

语系

节，因此语言学家称之为顺同化。根据发音部位的不同，可以把语音分成不同种类。如果一个元音的发音部位是在口腔前部，就叫前元音；如果是在口腔后部，就叫后元音。但不管是哪种情况，舌位的高低都会影响元音的质量。如果发音时舌位靠近口腔顶部，就是闭元音；如果舌位下降，就是开元音。按照前、后、高、低的方位，可以划分出许多不同的发音舌位。最后，还有嘴唇形状的影响，即圆唇和非圆唇的区别。

也就是说，突厥语的元音也可以据此来进行划分（但在这里我们使用的不是国际音标，而是土耳其语所使用的罗马字母变体）。下列大写的是圆唇元音，小写的是非圆唇元音。

	前		后	
闭	i	Ü	ı	U
开	e	Ö	a	O

不同的突厥语种，元音和谐规则有所不同，土耳其语适用下列规则（但是也有许多复杂的例外，只能靠查阅语法书来解决）。

如果第一个元音是	紧跟着的元音就应当是
前元音	前元音
后元音	后元音
非圆唇元音	非圆唇元音
圆唇元音	圆唇元音和闭元音或非圆唇元音和开元音

以单词"ev"（房子）为例，这是个非圆唇前元音。一般来说，土耳其语中的复数形式，是根据前面音节的不同，在词尾加上后缀"-ler"或"-lar"形成的。按照这一规则，我们可以得到"ev"的复数形式"evler"，而"*evlar"则是不合规则的，原因就在于前元音后面不能接后元音。后缀

"-de/-da"的意思是"在……地方",因此在表达"在房子里"时,"evlerde"是正确的,而"*evlerda"这种形式就违反了元音和谐的原则。

我们再看一下"odad"(房间)这个单词。与上面的例子不同,这个单词的两个元音都是后元音,因此"房间"的复数形式应当是"odadlar",而不是"*odadler",而表达"在房间里"时就必须用"odadlarda",而不能用"*odadlarde"。

突厥语族不是唯一一种存在元音和谐现象的语族,在属于乌拉尔语族的芬兰语和匈牙利语中也发现了这种现象。正是由于这些相似之处,许多语言学家认为可以把突厥语族和乌拉尔语族合并为一个更大的乌拉尔-阿尔泰语系,但是这样做的前提是承认突厥语和蒙古语都属于阿尔泰语系。在20世纪60年代,这种大胆的假设被突厥语言文学专家杰勒德·克劳森爵士否定了。

词和词序

就形态学而言,所有的突厥语言都有一个共同的特征——它们都是黏着语。也就是说,可以在单词的后面加上一些不能独立存在的音,从而创造出能够独立使用的单词(也就是黏着词素)表示单复数,第一人称和第三人称的变化以及所有格,等等。

例如,"akılsızlıklarından"这个单词的意思是"由于他们的愚蠢",是由基本名词"akıl"(原因、理性)有系统、有逻辑地演变而来,后面全都是黏着词素:"-sız-"(-更少),"-lık-"(-名词后缀),"-larin-"(他们的),"-dan"(因为)。

突厥语族通常的语序为SOV(主语—宾语—动词),因此"汉森讲了个故事"在土耳其语中的语序就是"汉森故事讲了"。其他的排列方式也可以用,但主要是用来强调句

→ **杰勒德·克劳森爵士**

杰勒德·克劳森爵士，在牛津大学主修拉丁语和希腊语，与此同时，还在梵语、叙利亚语和阿拉伯语研究上取得了巨大成就，此后大部分时间都从事公务员工作，并在殖民政府中一直做到部长助理的职位，退休后完成了《13世纪早期突厥语词源字典》一书的创作。

中的某一个成分。

在突厥语族的语言中，修饰成分位于被修饰成分的前面（左分支语法），也就是说，形容词应当放在名词的前面，副词应当放在动词的前面。但也有另外一种倾向，即时间状语和地点状语置于句首，间接宾语置于直接宾语之前。因此，如果你想表达"夏洛克·福尔摩斯十天前在船上出乎意料地向他的兄长说出了自己的怀疑"，在土耳其语中正常的语序应当是"夏洛克·福尔摩斯十天前在船上对他的兄长他的怀疑出乎意料地说出了"。

其实，这与我们所知的其他语言的语序也没有什么不同。在土耳其语中，最容易让人迷惑的语序可能要数关系从句了。如果你想用土耳其语表达"公交车上去大学的学生"，你就必须说成"大学—去—公交车—上—走—学生"。这会让印欧语族的人大感头疼，因为这与法语、意大利语、西班牙语和英语的语序正好相反。

土耳其语在语法上没有阴阳性之分（与英语和波斯语相似），其他突厥语族的语言也是如此。但和英语不一样的是，土耳其语中甚至连人称代词都不分男女，以至于"o"这个单词要身兼两职，例如，"onu seviyor"的意思可能是"他爱她""她爱他""他爱他"，甚至是"她爱她"。在大多数的语境中，可以通过适当的名词（母亲、父亲、阿姨、叔叔等）来消除歧义。但是在诗歌中，有时会故意保留歧义，以达到某种效果。

除此之外，土耳其语一般也不使用动词"有"来表达"拥有"的意思，这一点在其他语言中也能找到相同之处。如果你想用土耳其语表达"我没有时间"，你就得说"zamanım yok"。在这个句子中，"zaman"表示"时间"，"-ım"是第一人称单数所有格后缀，"yok"表示"不存在"。因此，这句话的字面意思是"时间—我的—不—存在"。

↑ 和英语一样，土耳其语语法上没有性别之分，但是和英语又不一样，土耳其语中人称代词甚至不分男女，"o"这个单词身兼两职，容易造成歧义。

乌拉尔语族

爱沙尼亚语、芬兰语和匈牙利语与邻国所使用的语言共同点不多，它们相互之间却有扯不断的关联。

在芬兰，你会发现芬兰语（使用人口为 500 万）不管是听上去还是看上去，与邻国的挪威语、瑞典语和俄语都大相径庭。匈牙利语（使用人口为 1000 万）与邻国的德语、斯洛伐克语、罗马尼亚语、塞尔维亚语和克罗地亚语也有很大差距。而爱沙尼亚语（只有 100 万人使用）和邻国使用的语言如俄语、拉脱维亚语也没有多少共同点。爱沙尼亚语、芬兰语和匈牙利语虽然与各自邻国使用的语言没有联系，它们之间却有不少的联系，我们从下图的共享词汇中可以窥见一些端倪。

	爱沙尼亚语	芬兰语	匈牙利语
水	vesi	vesi	viz
鱼	kala	kala	hal
眼睛	silma	silmä	szem
女人	naine	nainen	n
二	kaks	kaksi	kett
四	neli	neljä	négy

这三种语言都属于语言学家熟知的乌拉尔语族。从全球范围来讲，这些语言的使用人口可能不算多，例如，在俄罗斯只有 4 万人使用摩尔多瓦语，而在芬兰使用萨米语的可能只有 2000 人，但是这些语言的分布范围之广，也许会令你大吃一惊。

乌拉尔语族地理分布图

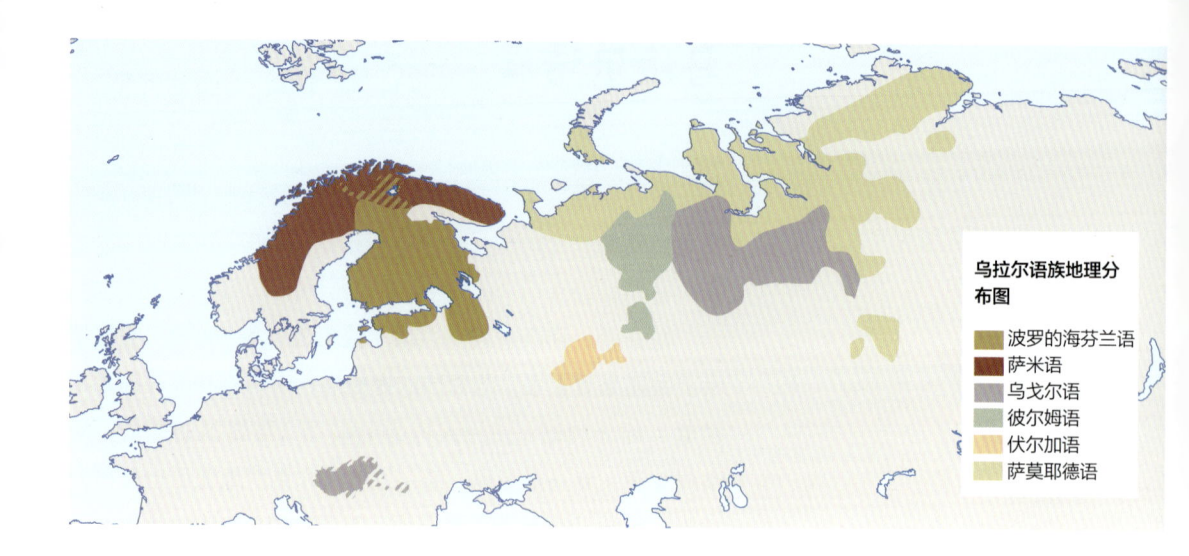

- 波罗的海芬兰语
- 萨米语
- 乌戈尔语
- 彼尔姆语
- 伏尔加语
- 萨莫耶德语

乌拉尔语的格系统

古希腊语由于其主格、宾格、属格和与格的存在而显得晦涩难懂，拉丁语有位置格，梵语更是有从主格到位置格的所有的格系统，此外还有工具格；而令人吃惊的是，芬兰语竟有 15 种不同的格。

	单数结尾	示例
主格	-0	The car is red
宾格	-0 / -n	I saw the car
属格	-n	The colour of the car is yellow
持续格	-na / -nä	They use that wheelbarrow as a car
转变格	-ksi	She turned that wreck into a car
部分格	-(t)a / -tta	He is washing the car (incomplete)
在内格	-ssa / -ssä	He slept in the car
从格	-sta / -stä	He stole the radio out of the car
推论格	-an / -en	She brought blankets into the car
位置格	-lla / -llä	I will meet you back at the car
离格	-lta / -ltä	I walked away from the car
向格	-lle	We ran back to the car
残缺格	-tta / -ttä	We manage very well without a car
随伴格	-ne	He looks a fool with that car
指示格	-n	He rammed the garage door with his car

语系

奇怪的语言

从上面列表中的示例我们就能发现，芬兰语和爱沙尼亚语的关系更为紧密。这不足为奇，原因在于这两个国家间的地理位置比较接近——要比离匈牙利更近。只要看看上页的地图，你就会发现，乌拉尔语族分布于从斯堪的纳维亚到西伯利亚之间的广阔地带，而匈牙利则孤悬于其南缘，明显与这些国家分离开来。鉴于匈牙利位于欧洲中部走廊，处于文化和语言交流的交通要道，匈牙利语可能会受到更多外来语言的影响，因此，匈牙利语的发音变化也就更为明显。

匈牙利语和芬兰语（以及爱沙尼亚语）在结构上的诸多共同之处，使得这两种语言的关系彰明较著。首先是元音和谐，这个问题我们在土耳其语一节已有所涉猎；其次就是语言的黏合性，这一点也与土耳其语相似；再者就是缺少语法性别的分类，这个特征也在土耳其语中找到了。但是这些相似之处并不能证明乌拉尔语族和突厥语族属于同一个语系，单凭词汇差异这一点就足以证明这两个语族不属于同一个语系。然而，乌拉尔语族中的所有语言都有一个共同的特征，那就是丰富的格形态变化，而这一特征是土耳其语不具备的。

例如，芬兰语中有 15 种格变化，其他语言中都是用介词来表示这些特征，但是乌拉尔语把语法化提升到了一个全新的高度。

他正在洗车。　他在车里睡觉。

我们跑回车里。　她把毯子放到车里。

↑ 在芬兰语中，上述插图中的所有动作都需要用不同的格来表示。

高加索语族

高加索是一片广阔的高山地区的名字，它西邻黑海，东濒里海，包括亚美尼亚、阿塞拜疆、格鲁吉亚、俄罗斯南部的部分地区、土耳其东部地区和伊朗的西北地区。

这片土地横跨欧亚，其语言的多样性可想而知。因此将这些语言按照地域归类，可能会更加合理。

高加索地区存在来自5个不同语族的语言。下页表中列出了这一地区所使用的繁杂语言，标明了各个语言的使用范围及其使用人数，以说明高加索地区语言的复杂性和多样性。

突厥语族			东高加索语系		
阿塞拜疆语	900万	阿塞拜疆	保加利亚语	0.8万	俄罗斯
库米克语	40万	达吉斯坦	阿瓦尔语	70万	俄罗斯
印欧语系			巴茨语	0.3万	格鲁吉亚
亚美尼亚语	300万	亚美尼亚	伯支达语	0.6万	俄罗斯
奥塞梯语	50万	北奥塞梯	车臣语	135万	俄罗斯
俄语	300万	格鲁吉亚	达尔格瓦语	49万	俄罗斯
卡尔特维里语系			狄多语	2万	俄罗斯
格鲁吉亚语	300万	格鲁吉亚	英古什语	30万	俄罗斯
拉兹语	2万	土耳其	希纳鲁格语	0.1万	阿塞拜疆
明格雷利亚语	35万	格鲁吉亚	北萨米语	0.17万	俄罗斯
斯凡语	1.4万	格鲁吉亚	腊克语	18万	俄罗斯
西高加索语系			列兹金语	65万	俄罗斯
旁遮普语	4万	俄罗斯	塔巴萨兰语	13万	俄罗斯
阿布哈兹语	13万	格鲁吉亚	沙克尔语	1.1万	俄罗斯
阿迪格语	10万	俄罗斯	乌迪语	0.4万	阿塞拜疆
卡巴尔德语	50万	俄罗斯			

高加索语言和卡尔特维里语言的辅音

高加索西部诸语言以辅音音素多而著称。第一次世界大战之后，在黑海东部的土耳其境内，有一种叫作尤比克语的语言，使用者只有5万人，最后一名会讲尤比克语的人死于1992年。据说尤比克语中有80多个辅音音素，而元音音素只有2个。阿布哈兹语中有50多个辅音音素，下面是阿布哈兹语中的一些单词：

$\mathring{z}^w\textsci{3}^{|}bæ$ （十）

$^{|}\mathring{z}^we\cdot z\textsci{3}$ （十一）

$\mathring{Z}^wøɥ\textsci{3}$ （十二）

ǎtsˇáɥœrɜ（说话）

aχʷʃɛ（黄油）

英语中只有 24 个辅音音素，另外有 12 个单元音和 8 个双元音。

高加索东部和西部诸语言以及卡尔特维里诸语言都喜欢使用外爆喉塞辅音，这种音对于外族人来说不仅难发，而且还难学。发这种音不需要肺部气流，而是通过关闭声门，把口腔中残存的气体逼出口腔形成的。让人吃惊的是，通过这样的方式不仅能发出低沉的咔嗒声，还能发出像 [p'] 或 [t'] 之类的喉塞音。要发出这样的音，首先口腔前部需要呈现出发辅音的形状，同时让气流从声门冲出。你可以在家里试试看，但是注意不要呛到自己。

↑ 3月31日的诺鲁兹节标志着新春的开始，高加索地区的许多国家，如阿塞拜疆、伊朗和阿富汗等都会庆祝这一节日。

作格性

高加索东西部诸语言与卡尔特维里语中有一个最突出的形态句法特点，那就是在不同程度上使用作格。在作格系统中，及物动词（例如解散）的直接宾语与不及物动词（例如辞职）的主语被视作同样的成分（叫作通格），而及物动词的主语则视作作格。因此，在作格型语言中，我们可能会说出如下的句子：

A（作格）dismissed（完成体动词）B（通格）；
但是不能说
B（通格）resigned（完成体动词）

在格鲁吉亚语中，只有当动词使用完成体时，才能使用这种作格。在非完成体中，又必须使用原来熟悉的主格—宾格的两极系统。

A（主格）dismisses（非完成体动词）B（宾格）；
也可以说
B（主格）resigns（完成体动词）

这种容易让人混淆的情况叫作分离作格。

印地语系

印度广袤的疆土和繁多的语言正相匹配——现如今，印度有 402 种不同的本土语言。

我们经常会听说印度有两大主要语系，分布于北方、规模庞大的印欧语系，以及分布于南方、规模较小的德拉威语系。这种说法基本正确，只是漏掉了在印度东北部，阿萨姆邦和曼尼普尔邦及其周边地区所使用的藏缅语族语言，例如波若语（130 万人）和梅泰语（150 万人）。同时，还有南亚语系的各种语言，使用人口大约有 600 万，例如比哈尔邦、奥里萨邦、阿萨姆邦和西孟加拉邦等地区所使用的桑塔利语。

印度立法和司法的官方语言是印地语和英语，但由于民族和语言的多样性，印度没有一种完全通行的民族语言。印度有 27 个邦和 7 个所谓的联邦属地。每一个邦或联邦属地都可以规定一种或多种语言作为本邦的官方语言，这导致印度有 22 种语言具有官方语言的地位（其中有些邦的官方语言相同）。目前居住在印度的 13 亿人中，多达 75% 的人使用同一种属于印欧语系的语言，有 20% 的人使用的是德拉威语系的一种语言，其余 5% 的人使用的是藏缅语族、南亚语系，还有极少数人使用其他一些语言变体。

早期的印度语言

印度最早的书面文字记载是《阿育王法典》，阿育王是孔雀王朝的第三任皇帝。这些文字记录可以追溯至公元前 3 世纪中期。法典由 33 段文字组成，大部分都雕刻于石柱之

↑ 这幅印度微型画是诗人毕尔瓦芒嘎拉的作品《巴拉哥帕斯丢提》中的一页，图中展示的是诗人自己向克利须那神的蓝色画像颂唱赞歌。

上，也有些雕刻在巨大的石头和山洞岩壁上。这些文字表达了阿育王希望在自己的王国中推广佛学思想的愿望，因为当时他已经皈依佛教了。

但这绝不是印度语言的开端，我们经常提及的吠陀梵语圣歌可能有数千年的历史。但直到公元15世纪中期，吠陀梵语圣歌才开始有书写记录，在此之前都是通过口口相传。主要原因在于吠陀梵语圣歌是印度宗教的神圣经文，将圣歌口口相传是婆罗门阶层的主要工作。你可能会好奇，如果这种语言在公元15世纪之前都没有文字记录的话，我们怎么可能知道这种文字在公元前2000年之前就已经存在了呢？答案就是，历史语言学家使用各种技术手段证明了这种语言比阿育王的文字记载要早得多。语言学家深知语言演变的方式以及语言演变所需的时间。多方面的证据表明——例

↑ **阿育王法典**

印度至今还保留有公元前 3 世纪雕刻于一些石柱上的《阿育王法典》。砂岩石柱的下面就是毗舍离古城遗址，位于现在的比哈尔。

如辅音音系学、形态和句法学的某些方面——吠陀梵语圣歌是比《荷马史诗》使用的更为古老的语言，而在语言学家看来，《荷马史诗》不过是公元前 8 世纪的产物。吠陀梵语圣歌所使用的语言与伊朗语族的古阿维斯陀语创作的圣文极为相似。和吠陀梵语圣歌一样，古阿维斯陀语圣文最古老的手稿也只能上溯到 1228 年（还有一些有 500 多年历史的手稿），但一般认为，这一圣文诞生于公元前 10 世纪以前。

还有一个值得注意的事实，即吠陀梵语圣歌是严格按照复杂的诗歌韵律创作的，其轻重音安排有固定规律可循，这种规律到现在还广为沿用，足以证明这种传播方式总体来说是可信的。如果说婆罗门教徒在传播吠陀梵语圣歌时使用了日常口语，那么这种诗歌创作形式应当早就失传了。

语言学家在考察印欧语系时，将吠陀梵语作为其中极为重要的一员。从某种意义上来讲，它也是后来在印度地区使用的所有印欧语系语言的原始母语。印地语、马拉地语、旁遮普语、古吉拉特语、孔卡尼语、比尔语、信德语、克什米尔语、尼泊尔语、僧伽罗语、孟加拉语、阿萨姆语都是由吠陀梵语演变而来的，同样地，罗曼斯语是由拉丁语演变而来的。这样的说法或许有些草率，但也可以说八九不离十了。我们拥有一连串的证据可以证明吠陀梵语演变成了后来的古典梵文，而且还可以证明从古典梵文又分化出了后来被称为帕拉克里语的各种中期印度语言的变体。

现代印度语言的发展

帕拉克里语言中有一种语言叫作摩揭陀语。在经典梵文戏剧中，这是一种观众最不喜欢的下层社会的人使用的语言，也是耆那教教义广泛传播时使用的语言。帕拉克里语言中还有一种语言叫作巴利语，小乘佛教的大量经文就是用巴

↑ 19世纪用天城体写成的诗歌集《梨俱吠陀》是用吠陀梵语写就的，其中的一些诗句到现在还被引用为祷告语并广为流传。

利语书写而成的,梵文和中期印度语言变体的区别可参见下例:

双元音的简化:梵文 śaurya(英雄主义)vs. 巴利语 sōria。
辅音丛的简化:梵文 bhakta(食物)vs. 巴利语 bhatta。
结尾辅音的省略:梵文 samyak(一起)vs. 巴利语 sammā(而且 -my- 这样的组合也简化成了 -mm-)。

现代印度语言的发展也延续了这些趋势。例如,在梵文中的"七"是"sapta",在巴利语中被简化成了"satta",而在印地语中更是被简化成了"sāt"。

在形态层面,与其他印欧语系的语言相比,梵文中的屈折变化形式更多。其中,名词的单数、双数和复数就有八种变化形态,而动词有六种不同的时态、三种不同的语态、五种不同的情态等。但是。现代印度语言有简化的趋势,形态种类在不断减少。但同时也有例外,比如孟加拉语就相当保守,到现在名词仍有四种不同的形态(主格、宾格、属格、场所格)。

印地语和乌尔都语之间的关系也十分有趣,人们一般会把它们分为两种不同的语言。从口语的角度讲,印地语和乌尔都语基本上没有区别,能够说印地语的人也能说乌尔都语;但就书写体系而言,两者还是有一定的区别。印地语和其他大多数的印度语言一样使用梵文字母书写,而乌尔都语(类似于波斯语)使用的则是变体的阿拉伯字母。印地语和乌尔都语不仅使用的字母有所不同,在诗歌和散文创作时使用的词汇也不同。印地语所使用的词汇主要来自梵文,而乌尔都语使用的词汇多受阿拉伯语和波斯语的影响。例如,在印地语–乌尔都语口语中,"书"是"kitāb",这是从

Billi（猫）
乌尔都语
بلی

Billi（猫）
印地语
बिल्ली

阿拉伯语中借用的一个词语。但在文学作品中，乌尔都语用的依然是这个单词，而印地语则更倾向于使用来自梵文的"pustak"。

德拉威语系中的泰米尔语、坎那达语、马拉雅拉姆语、泰卢固语等80多种不同的语言，与印度地区使用的其他印欧语系的语言在音系和形态特征上都有很大差别。虽然大部分说德拉威语的人都生活在南方，但在北方山区的部分区域也有所分布，这说明在说印欧语的人到达之前，说德拉威语的人就已经生活在印度的土地上了，后来由于北方人的入侵，他们才大举南迁。

伊朗语族

和印度语族一样，伊朗语族的历史可以追溯到公元前 1500 年以前。

考古学家认为，大约在公元前 3500 年左右，印度-伊朗语族族群在欧洲东部大草原与印欧族群分道扬镳。他们陆续迁徙至中亚地区大约是在公元前 2200 年左右——至少在这一时期已经开始在这一地区安居下来，古伊朗族群分布在北部，古印度族群则分布在南部。到公元前 2000 年左右，古印度族群南下至印度次大陆，而古伊朗族群还生活在原来的地方，直到大约公元前 1500 年，他们才向西迁徙至现在的伊朗。

↓ 法拉瓦哈肖像是拜火教的象征，拜火教是前伊斯兰波斯古国的主要宗教。

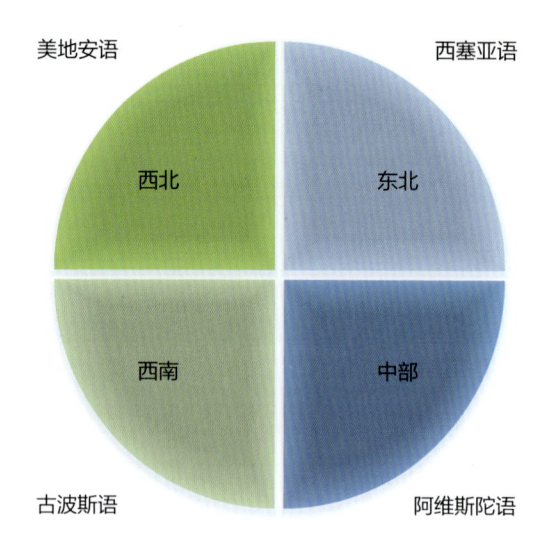

美地安语	西塞亚语
西北	东北
西南	中部
古波斯语	阿维斯陀语

古伊朗语

　　古伊朗语言（古阿维斯陀语、后期阿维斯陀语和古波斯语）可以按照时间和地域进行大致分类，具体分布可见上图。根据该地区一些国家的文献记载，米底人和塞西亚人很早就生活在这片土地上了。

　　最早有关印度语言的书面记录来自吠陀梵语圣歌，而最早有关伊朗语言的书面记录则来自伽泰圣歌。伽泰圣歌是一组用来记录宗教礼拜仪式的文本，使用的语言是古阿维斯陀语的各种变体，相传作者是先知琐罗亚斯德。虽然从文字上还没有证据证明伽泰圣歌早在公元 1000 年就已经存在，但是很明显，伽泰圣歌就像吠陀梵文圣歌一样古老，两者都起源于公元前 2000 年后半叶。

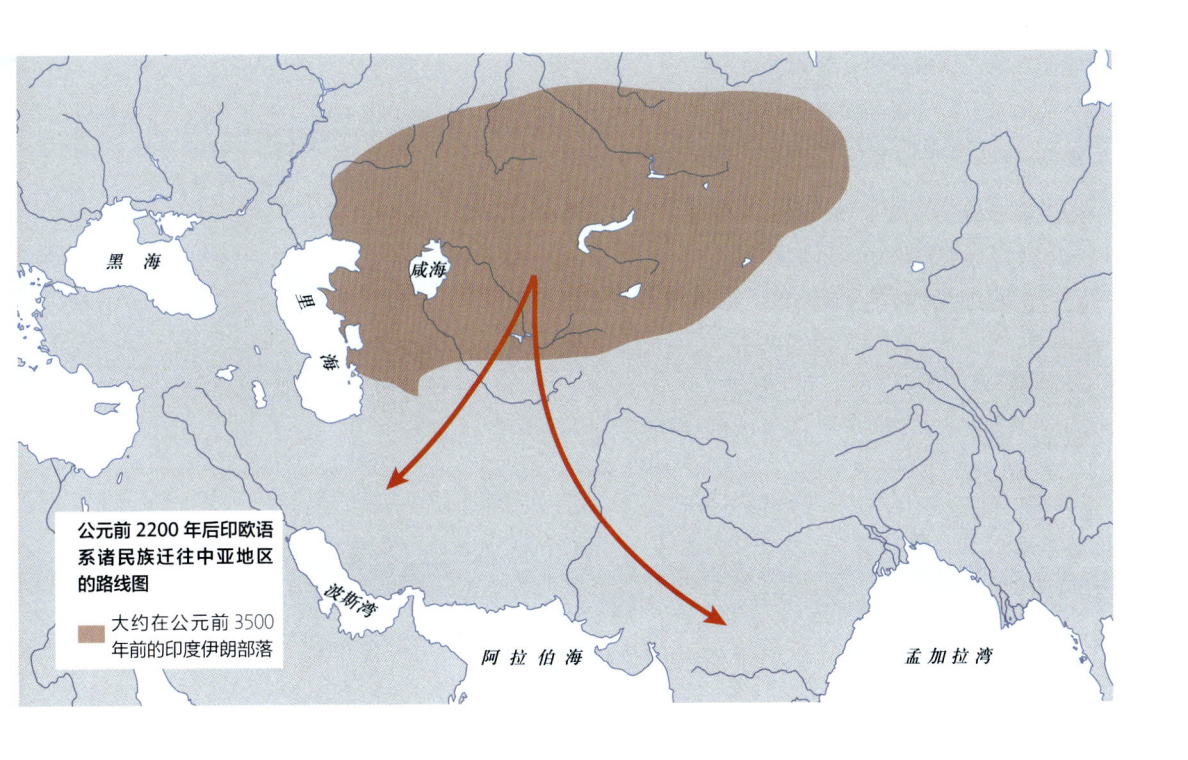

公元前 2200 年后印欧语系诸民族迁往中亚地区的路线图

大约在公元前 3500 年前的印度伊朗部落

黑海　里海　咸海　波斯湾　阿拉伯海　孟加拉湾

它们之间的联系可以表示如下：

阿维斯陀语	吠陀梵文	英语
pitar	pitar	father
dātar	dātar	giver
dva	dvā	two
frīnāmi	prīnāmi	I take delight in
yauuat	y ā vat	as long
vastra	vastra-	clothing
tvām	tvam	you (singular)

上述几种语言在许多单词拼写形态上十分接近，即使有些单词有所区别，也都能从有规律的音变法则中推测出来。古印度语和古伊朗语虽然是两种不同的语言，但同时也有许

伊朗语族

多证据显示，这两种语言曾经如此相似。

波斯古经（《伽泰》圣歌集）中有一个故事，相传是由琐罗亚斯德亲自创作的，讲的是一头牛在向神悲痛地诉说自己的可怜遭遇。故事的内容十分有趣，其中所用的语言也可以用来与之后的伊朗语言进行比对。

下面就是古经中的前两行：

波斯古经	中文
1a. xšmaibyā gə̄uš urvā gərəždā:	1a. 向你（复数）表达对母牛的怜悯：
1b. kahmāi mā θwarōždūm? kə mā tašaṯ	1b. 主啊，究竟是为谁，你（复数）塑造了我？又是谁养育了我？
2a. ā mā ǣšəmō hazascā	2a. 疯狂与暴力
2b. rəmō āhišāyā dərəšcā təvīšcā.	2b. 残忍、虐待、无情压抑着我
3a. nōiṯ mōi vāstā xšmaṯ anyō	3a. 对我来说，你就是最好的牧人
3b. aθā mōi sąstā vohū vāstryā.	3b. 因此，请赐予我水草丰茂的牧场

读完这段从3000多年前流传下来的文本，你一定会感到十分吃惊，其中的一些词汇，经历了3000多年的洗礼，在用巴拉维语写成的中古波斯语文本中仍旧依稀可辨。从下表中你可以看到这两种语言的联系：

波斯古经	巴拉维语	英语
gə̄uš < gav	gāw	cow
gərəždā	garzīd	complain
vohū	weh	good
vāstryā < vāstra	wāstar	pasture

现代波斯语中的"gav"（母牛）一词，是由印欧语词根演变而来的，但同一个印欧语词根还演化出了英语的"cow"、德语的"Kuh"、拉丁语的"bos"、希腊语的

"bous"，以及另一个英语词汇"bovine"（牛类动物）。

与阿维斯陀语相比，古波斯语的历史要短一些，但也算得上是一种古老的语言。有资料证明，古波斯语在公元前 522 年就已经存在了，最早的记录是波斯国王大流士一世在贝希斯敦山上雕刻的铭文。当时大流士一世把自己称为"xšāyaθiya vazraka"（伟大的国王），你应该可以依稀辨认出"vazraka"这个形容词就是现代波斯语"bozorg"（大）的前身，这种语言到现在还在伊朗境内使用。在这些古波斯语铭文中还有一些词汇也同样出现在 1500 年后的现代波斯文中。例如，在形容苏萨城修建的宫殿时，大流士一世使用了"kapauta"（蓝色）这个单词，在现代波斯语中是"kabūdī"，其中使用的单词还有"sinkabruš"（朱红色），在现代波斯语中变成了"šangarf"，还有"abary"（"带来"的过去时）与现代波斯语的"bar-"（拿）和"hačā"（来自）同出一个源头，并最终造就了现代波斯语的"az"（俾路支语中的"ač"可能更加明显）。这些开创性的工作都是由知名教授哈罗德·贝利爵士（1899—1996）完成的。哈罗德·贝利爵士是印度语和伊朗语研究的著名学者，他厘清了中期伊朗语纷繁复杂的历史演变过程。

中期伊朗语的发展

就像印度-雅利安语族的帕拉克里语是由古印度语的各种变体演化而来一样，古伊朗语经过时间的洗礼和地域的拓展，也经历了独立的演化过程，最终演化为中期伊朗语言的各种变体（见下页图）。

古伊朗语区和中期伊朗语区被划入两个特定的方言区，理解这一点十分重要：西部方言语区包括现在的伊朗，东部方言语区包括现在的中亚大部分地区。一直以来，印度语言

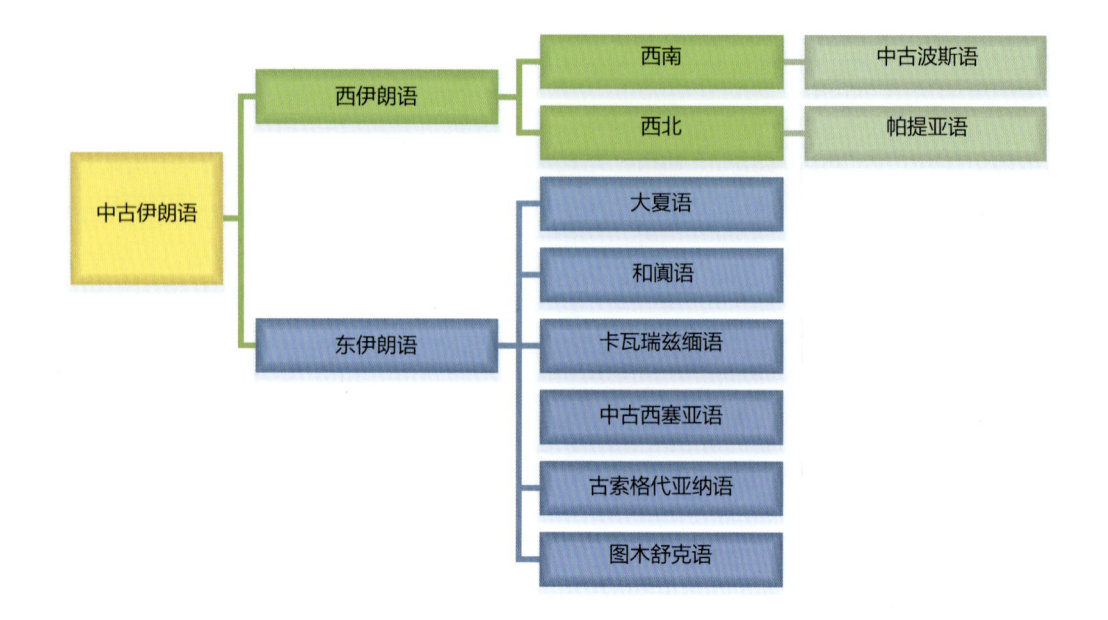

```
                                    ┌─ 西南 ─── 中古波斯语
                    ┌─ 西伊朗语 ────┤
                    │               └─ 西北 ─── 帕提亚语
                    │
                    │               ┌─ 大夏语
中古伊朗语 ─────────┤               ├─ 和阗语
                    │               ├─ 卡瓦瑞兹缅语
                    └─ 东伊朗语 ────┤
                                    ├─ 中古西塞亚语
                                    ├─ 古索格代亚纳语
                                    └─ 图木舒克语
```

↑ 这个图表显示了中古伊朗语系的演化。

使用的区域大致相当于现在的印度各邦，伊朗语言的使用区域与现代伊朗却不一致（实际上要大得多）。伊朗语言的使用范围西起土耳其，东至中国的广大区域。在公元 11 世纪，中亚地区璀璨的文化使得布哈拉、撒马尔罕、巴尔赫、莫夫变成伟大的文化中心，能与哈里发统治下的巴格达相媲美。从某种程度上来说，这都要归功于当时人们使用了波斯语。

现在已几乎没人知道中期伊朗语又被称为古索格代亚纳语，是当时记录基督教和摩尼教教义（是由伊朗先知摩尼在公元 3 世纪创建的一个宗教）的主要文字载体。古索格代亚纳语文本主要集中于公元 9—10 世纪之间。古索格代亚纳语的一种变体被称作雅格诺布语，至今仍在塔吉克斯坦境内使用。

在伊斯兰教统治中亚时期，伊朗语发生了巨变，从其对阿拉伯字母的吸收利用可以看出其中的变化，阿拉伯语中有些音素在波斯语中根本找不到，因此不适合用于书面波斯语，并且 /s/ /z/ /h/ 和 /t/ 的许多变体在波斯口语中找不到相对应的音素。

现代波斯语

现代波斯语（和英语一样）的屈折变化系统大都经过简化，除了动词还残留一些可以预测的屈折形态变化之外，其他复杂的屈折变化都已经荡然无存了：语法上不再有阴阳性的变化，形容词需要保持的一致性也取消了，复数的形态变化也只保留了几个，除了小品词"-ra"再没有其他的格标记，但"-ra"也只是用于表示动词后面可以跟直接宾语。而与之相比，经典阿拉伯语中的屈折变化形态就要复杂多了：名词有各种不规则的复数形式，动词除了时态和人称变化之外，还有各种各样的形态标记。

人们常常将这种情况与英语相比较，英语属于日耳曼语族，词汇主要来源于拉丁语和法语。但是其中的区别在于，对于英语来说，这些外部影响都是来自印欧语言内部，而阿拉伯语属于闪米特语族，因此，可以说阿拉伯语对波斯语的影响从根本上讲就属于不同类型。

↑ 在这幅肖像画中，著名的印度伊朗语言学教授哈罗德·贝利爵士穿着高加索地区传统的羊毛外套。

伊朗语族

非洲语言

非洲广袤的大地上有 2000 多种语言，直到 19 世纪末，对其语言的研究才得以起步。

约瑟夫·格林伯格是研究非洲语言的先驱，也是他在 20 世纪 50 年代提出，非洲语言总体上可以分为四大语系：

1. 亚非语系
2. 尼日尔-科尔多凡语，现在又称为尼日尔-刚果语系
3. 尼罗河-撒哈拉语系
4. 克瓦桑语系

非洲语言分类

非洲主要语系

- 亚非语系
- 尼罗河-撒哈拉语系
- 尼日尔-刚果语系
- 克瓦桑语系

← 约瑟夫·格林伯格（1915—2001）以语言分类和语言类型学的学术成就著称，在 20 世纪 50 年代，他提出非洲语言总体上可以分为四大语系。

上页图标出了这四大语系使用的大致范围和区域。

总体来说,非洲大陆上使用的语言超过 2000 种。诚如格林伯格自己所指出的那样,将如此众多的不同语言划分为四个语系实在是一种大胆的尝试。现在我们需要考虑一些分类中的问题,这些问题都是由史料的多样性引发的。

亚非语系

闪米特语族也是亚非语系的分支之一,其中,阿拉伯语是在东起埃及西至摩洛哥的广大北非地区使用,并且日常人

↓ 与早期埃及语言不同,科普特语的书写体系采用了希腊字母,同时还使用了一些通俗符号作为其字母的补充。

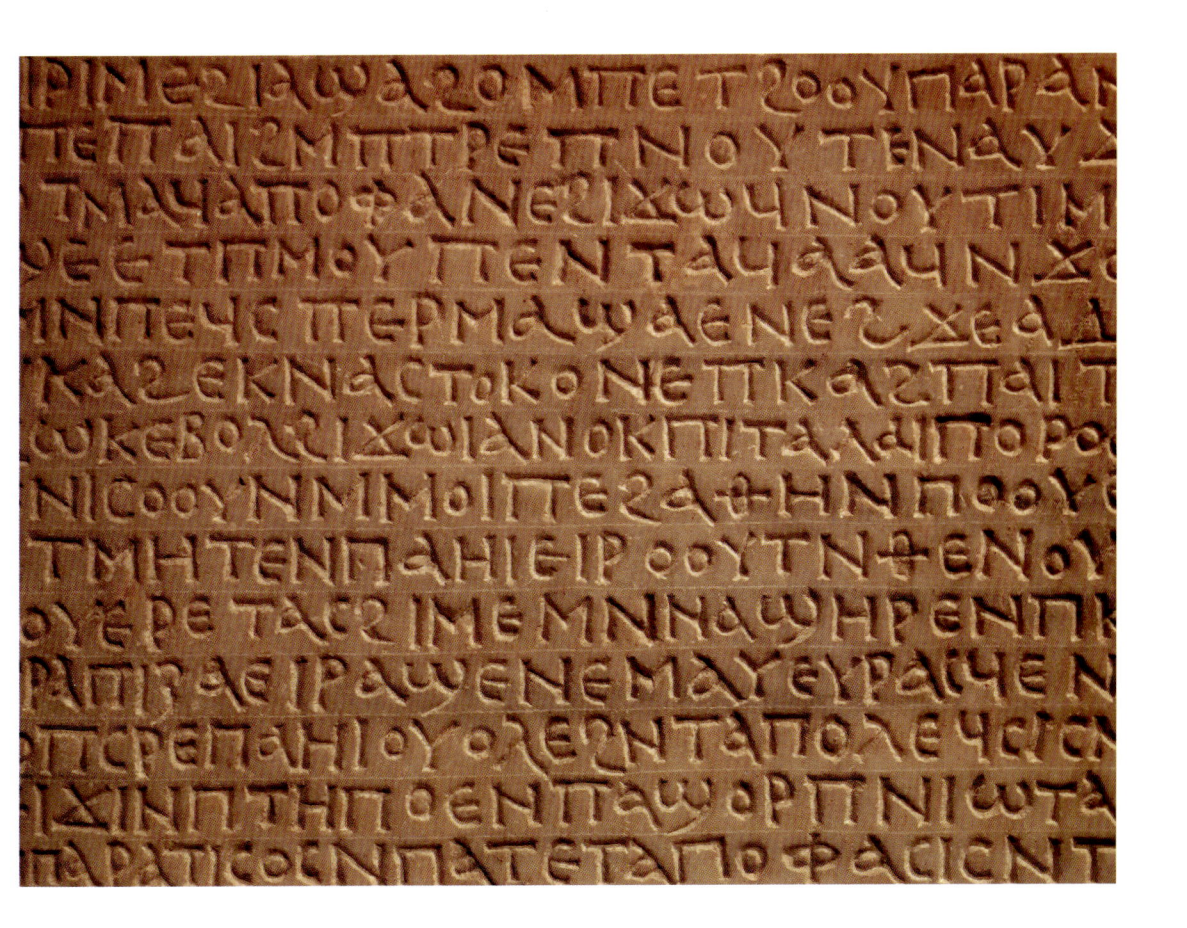

们使用的变体也有很大不同（与新闻广播和其他一些正式场合使用的阿拉伯语相比），人们在开罗使用的日常用语到拉巴特就听不懂了。在非洲，以不同变体的阿拉伯语为母语的人口有 1.2 亿之多，在中东却只有 8000 万。同属于闪米特语族的语言还有阿姆哈拉语、提格里尼亚语、提格雷语和古

↑ 在古埃及，象形文字广泛使用于石碑和神殿的铭文记载。

拉格语,而且都属于埃塞俄比亚语支。在埃塞俄比亚有大约 4000 万人使用阿姆哈拉语,而在厄立特里亚大约有 800 万人使用提格雷语。

除了上文所说的闪米特语族,亚非语系还包含很多其他语言分支,其中有埃塞俄比亚语、柏柏尔语、乍得语、库施特语和欧冒提克语。使用柏柏尔语的人群基本上都分布在北非,其中包括阿尔及利亚、利比亚、马里、摩洛哥和尼日尔。但是具体有多少人使用柏柏尔语,这些国家也没有准确统计过,因此我们很难得到可靠的数据。不过,粗略估计,整个非洲大陆应该有 2 亿人左右使用。

虽说古代埃及语在公元后的最初几百年中就已经消失了,现在已无人使用,其书写体系却延续了 3500 年之久,不过它已不再用于日常口语,只是作为宗教语言在埃及的科普特基督徒中口口相传。

库施特语族中大约有 50 种不同的语言,使用人口大约有 600 万,大多分布在非洲之角地区(埃塞俄比亚、厄立特里亚、索马里、吉布提和苏丹)。奥罗莫语的使用人口大约有 4500 万,大部分生活在埃塞俄比亚,其余主要分布在肯尼亚。索马里语的使用人口大约有 2000 万,大部分都聚居在索马里。

乍得语族由 150 多种语言组成,基本上都是在乍得、尼日尔、尼日利亚、喀麦隆和中非共和国境内使用。其中最有名的语言要数豪萨语,将豪萨语作为第一语言的人口大约有 2200 万,还有更多的人将其作为通用语来使用。

语言学家之所以把这些亚非语言归为一类,主要是因为它们有一些共同的特征,包括使用相似的代词、名词词尾的格变化一致,以及在动词词根中都有双写辅音的趋势。至于欧冒提克语族是否归属亚非语系仍存有争议,因为到目前为止，该语族与亚非语系的相似程度仍不明确。

尼日尔-刚果语系

就数量而言，尼日尔-刚果语系无疑是最大的语系，总计有 1400 多种不同的语言，说这些语言的人口达 3.6 亿之多，主要分布于西至塞内加尔、东到肯尼亚、北达尼日利亚、南至南非的广阔区域内，这足以使其成为世界上最大的语系。从地图上可以看到，撒哈拉以南非洲使用的基本上都是尼日尔-刚果语。其中，约鲁巴语族和伊博语族是尼日利亚的主要语言。班图语族则是尼日尔-刚果语系最大的语言

尼罗河-撒哈拉语系和
克瓦桑语系地理分布图

■ 尼罗河-撒哈拉语系
■ 克瓦桑语系

分支，使用范围也相当广泛。班图语族中最有名的分支要数修纳语、斯瓦希里语、科萨语和祖鲁语。

尼日尔-刚果语系的语言有一些共同的特征，其中有很多语言都显示出元音和谐的特征，尽管这一特征并不是尼日尔-刚果语系所独有的。唇软腭音（例如 [gw] 和 [kw]）在班图语族中十分罕见。尼日尔-刚果语系中的语言根据名词属于人类还是动物，单数还是复数，是否为液体，事物的大小或者其他特征来给名词添加前缀的方式也有一些相似之处。由于语言种类繁多，演化的时间跨度又长，要找到这些语言的家族相似性确属不易，但即便如此，许多语言学家仍认为把这些语言归为一类是说得通的。

尼罗河-撒哈拉语系

尼罗河-撒哈拉语系这一分类目前还有一些争议，因为这些语言只是在苏丹、乍得、尼日尔、利比亚以及其他一些相对与世隔绝的地方使用。就像前文写到过的那样，我们能够得到的数据都是近似值，并不十分尽如人意。大约有 3000 万人把尼罗河-撒哈拉语系的语言作为母语。这些使用者的大致分布可参见上页图。大部分的非洲语言都可以根据相似性特征分为不同种类，例如有相同的语序，有相似的词汇形态或名词种类。而尼罗河-撒哈拉语系只有为数不多的相同词汇和词素，这些相似之处可能不是巧合，但是也不意味着很难在这些语言之间找到更多基本结构上的相似之处。

克瓦桑语系

克瓦桑语系主要是在非洲西南部地区使用——从安哥拉到博茨瓦纳再到纳米比亚，向南直至南非北部地区。这一语系比尼罗河-撒哈拉语系还具有争议，它曾经被称为布西曼和霍屯督语，只有 30 种不同的变体，使用人口也不过数万人。

其实，克瓦桑语只是一个统称，其中的语言其实不能算是一个语系。实际上，克瓦桑语系是由四个更小的语支和一些各不相干的语言组成，它们之间的相似之处在于复杂的咔嗒式的语音系统——这种咔嗒声是依靠吸气发出的。虽然所有的克瓦桑系语言都有咔嗒声，但是不能据此就认为所有发出咔嗒声的语言都属于克瓦桑语系。班图语族中的科萨语和祖鲁语也能发出咔嗒声，库希特语族中的达哈洛语也能发出咔嗒声。因此，咔嗒声只能算是一种区域特征，而不能算是遗传特征。

准确的发音取决于刚发音时气流的封闭特性（不管是嘴唇、牙齿，还是齿龈等），而上述情况要更为复杂，因为咔嗒声可能还有软腭和咽喉等其他器官的参与。这些因素组合在一起可以发出多种不同的咔嗒声。

咔嗒声

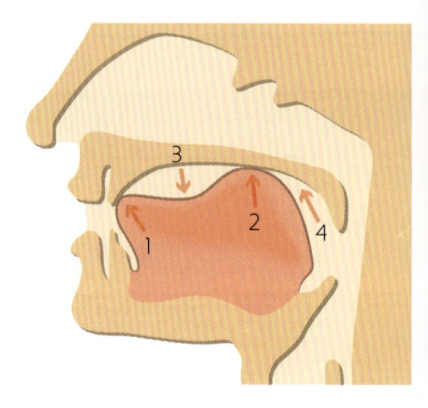

1. 要发出咔嗒声，说话时先要吸气，然后用舌尖或嘴唇把口腔前部堵住。

2. 与此同时，舌根部分抬起，把口腔后部也堵住。

3. 然后把舌头向下和向后拉伸，从而形成一个真空地带。

4. 当前面堵住的部分突然放开，紧接着后面堵住的部分也放开，气流就会快速涌入，咔嗒声就发出来了。

太平洋语系

这个地区的语言最为显著的特征就是语种的多样性，大洋洲诸岛上使用的语言多达上千种。

这里所说的太平洋语系，并不是指所有太平洋沿岸国家使用的语言（例如加拿大西海岸、北美、南美、中国东海岸和日本），主要是指大洋洲的众多大小岛屿上所说的语言。从传统地域来讲，该地区常常被划分为四个区域：澳大利亚、美拉尼西亚（如斐济、巴布亚新几内亚和所罗门群岛）、密克罗尼西亚（如关岛、基里巴斯、马绍尔群岛）和波利尼西亚（如夏威夷、新西兰、汤加）。

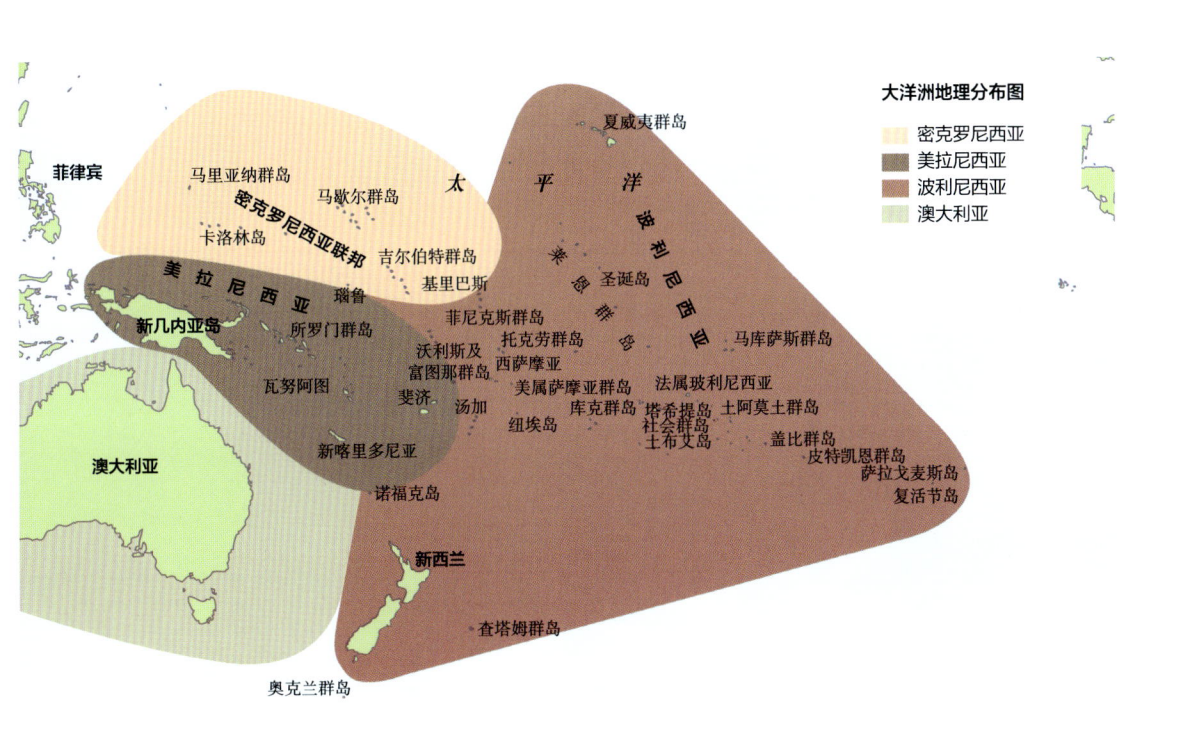

大洋洲地理分布图
- 密克罗尼西亚
- 美拉尼西亚
- 波利尼西亚
- 澳大利亚

这一地区语言最为明显的特征就是多样性。语言学家把该地区的语言分成三大类：

1. 澳大利亚语族
2. 南岛语族
3. 巴布亚语族

澳大利亚语族

在澳大利亚目前仍在使用的 200 多种土著语言中（英语

↓ 在指称事物使用成双成对的名词时，澳大利亚许多本土语言都有一个特定标志。

除外），有三分之二会在未来的一两代人后消失。

要总结出澳大利亚语族的总体特征实属不易。在其中很多语言中，描述成对事物（不管是自然形成还是拼凑成对）的名词会带有双数标记。同时，它们也有一套后缀系统来表示名词的格，例如主语、直接宾语、间接宾语和所有格都有不同的后缀。很多澳大利亚语言还有名词的作格形式，我们在讨论高加索语言时提及过这种名词形式。

从类型学上来讲，该地区的语言所展现出来的最为与众

↑ **船长和袋鼠**

与流行说法相左,"袋鼠"一词的产生其实不是因为交流障碍。库克船长及其随从问古古·伊米德希尔人这种大型有袋类动物叫什么,他们的回答并不是"我不知道"。

太平洋语系

不同的特征就是语序具有相当大的自由度，这不仅仅是因为这些语言的名词有清晰的格标记体系。在前文讨论拉丁语时，我们已经看到，拉丁语在安排句子的主语、宾语和动词时，有六种不同的方式。但实际上拉丁语最常用、最主要的语序仍然是 SOV 结构（主语—宾语—动词）。拉丁语随意变换语序的现象十分罕见且令人费解。

  提到澳大利亚，人们脑中马上会浮现出袋鼠的身影。据说以前没有单词来指称这种有袋类动物，18 世纪 70 年代，在昆士兰北部，库克船长的随从遇到了一群讲古古·伊米德希尔语的人，由于没有听懂而产生了误解。当时，有人指着一只袋鼠问那是什么动物，得到的回答是"gaɲurru"，这个答案的实际意义是"我听不懂"（或者更模糊一些，"我不

↑ 在塔鲁尔语中，考拉是澳大利亚第二有名的有袋动物。

知道"）。这个故事听上去十分有趣，却是个谣传。后来有前往澳大利亚的游客问及此事，也没有人能证实这个名字与这种弹跳力极强的动物有关。但这种情况也不足为奇，因为在种类繁多的澳大利亚语言中，一定有许多不同的单词用来指称不同种类的袋鼠。在 20 世纪 70 年代，美国人类学家约翰·哈维兰证实"gaŋurru"这个词确实是用来指称这种大型的、弹跳力极强的有袋类动物的。

在这个小故事的背后隐藏着深刻的语音学道理，除了袋鼠（还有福斯特啤酒），澳大利亚最有名的标志就是考拉了，这个单词在英语中的发音同样为 /k/。正如"袋鼠"一词在古古·伊米德希尔语中读成"gaŋurru"一样，考拉在新南威尔士州的塔鲁尔语中读成"gula"，这样的发音并不是因为古古·伊米德希尔语和塔鲁尔语中只有浊塞音 [g, b, d] 而没有清塞音 [k, p, t]，而是由于它们之间的区别并不那么重要，即只是环境决定的发音区别，而非音位区别。

这种清浊塞音不分的现象在许多澳大利亚语言中都十分明显。这一语系的大多数语言还有一个重要的特征，那就是几乎完全不存在擦音（f, v, s, z 等）。缺少擦音的情况在其他语言中十分罕见，只有巴布亚新几内亚和南美洲某些地方的语言有类似的现象。这种现象也证明了语言之间可能没有太多关联，但是可以共享某些语言类型学特征。

南岛语族

就语言数量而言，除了尼日尔-刚果语系，南岛语族可以说是世界上语言种类最多的语族了，其语言数量多达 1000 多种，其中有 450 种左右是在太平洋腹地的岛屿地区使用，其余的语言大多分布在马达加斯加、马来西亚和亚洲大陆的一些地区。

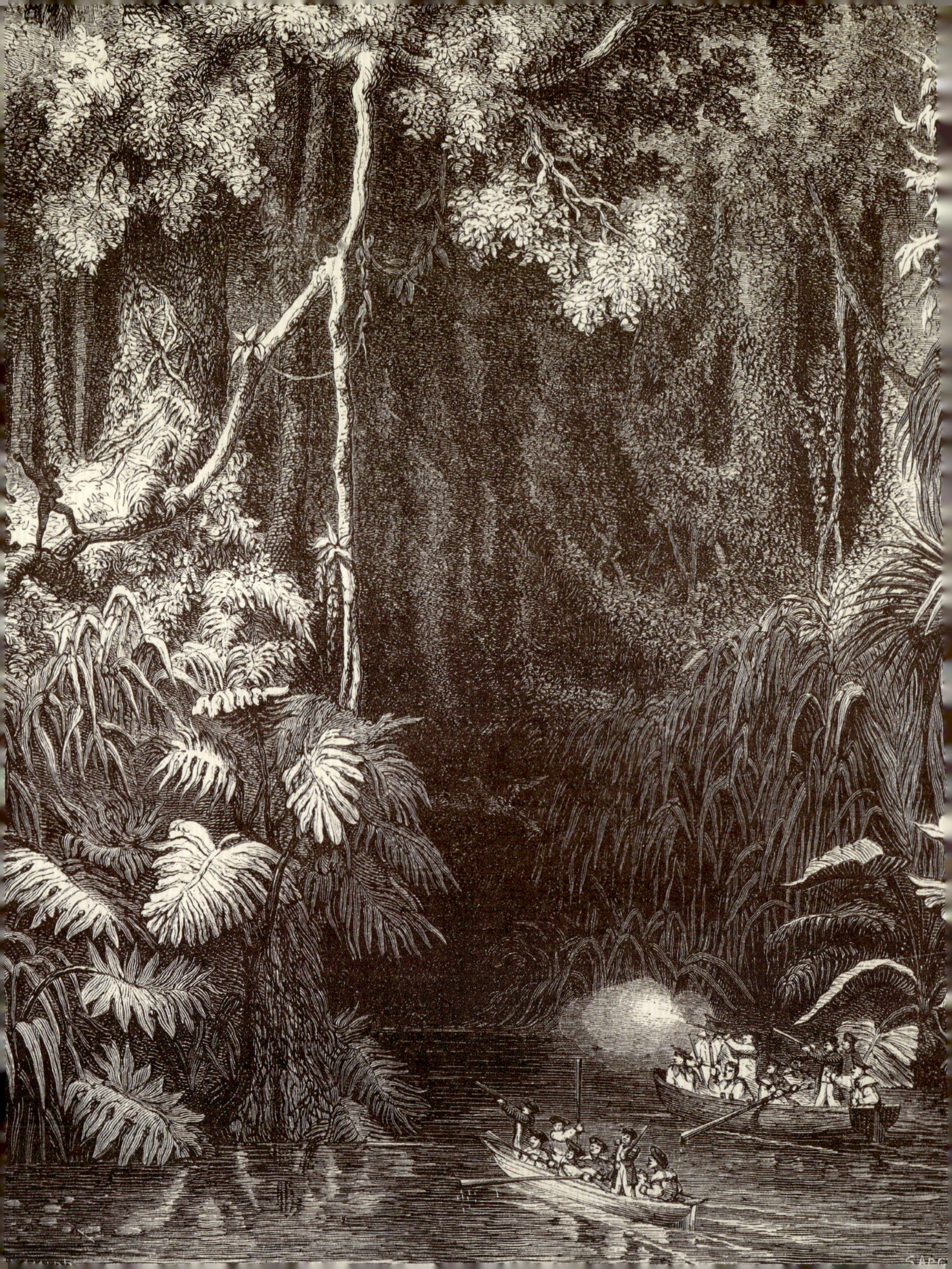

所罗门群岛上的巴巴塔纳语的使用人口只有 7000 人，和该地区其他语言一样，巴巴塔纳语既没有表示动词时态（过去、现在、将来）的词缀，也没有体的变化。但是，这并不意味着这些语言没有时间的概念，它们只是用独立的单词来表示时间而已，例如使用连接发音词（这些词一般没有重音，常常放在另外一个单词的前面）。这意味着，至少就动词而言，有些南岛语言属于孤立语。这种现象也不是南岛语族所独有的，比如中文中也存在类似的现象。

巴布亚语族

巴布亚语族不能算作一个基因上的语族，只是对巴布亚新几内亚及其附近岛屿上使用的众多语言的一个统称。其中有些语言实际上属于南岛语族，有些语言与巴布亚语族存在亲缘关系，还有些语言与其他任何语言都没有关联。在 46.3 万平方千米的土地上，存在着 830 种不同的语言，这些语言的使用人口大约有 800 万（和纽约市的人口大致相当）。这使得巴布亚新几内亚成为地球上语言最为多样化的地方，其中有 100 多种语言的使用者只有几百人，还有几十种语言的使用人口从几万人到几十万人不等，其中的原因很难解释，但可能是与使用这些语言的村落不相往来有关（从地理上到文化上都是如此），这种情况下，影响语言变化的离心力更为强大，而影响语言变化的向心力没有起到任何作用。

巴布亚新几内亚东面的群岛中有一个岛屿叫罗塞尔岛，岛上的 3500 名居民使用的是一种叫作耶里多涅语的语言。这种语言中有一类特定的双调音部位辅音，与目前所有已知的语言都不相同。普通的双调音部位辅音并不罕见，指的是一个辅音由两个不同的发音部位同时配合发出，例如克瓦桑

← 在所罗门海域偏远的罗塞尔岛上有一种语言叫作耶里多涅语，十分奇特，这种语言中有一种辅音在其他语言中闻所未闻。

语中所有的咔嗒声，便是一种双调音部位辅音，即发音时舌头在前后两个部位同时形成闭合。耶里多涅语的奇特之处就在于，唇齿龈塞音和唇后齿龈塞音形成对照，例如"t͡pənə"（肺）和"t͡pənə"（角），在这两个例子中，[p] 不是跟在 [t] 后面，而是 [t͡p] 两个音同时发出。这种发音方式本来就很难，对于外国人就更难了，甚至连这种发音的区别都难以察觉，因为唯一的区别就是在发后者的 [t] 这个音时，舌位在

世界上语言种类最多的国家

巴布亚新几内亚的岛屿上使用的语言多达 830 种，有些语言的使用人口有几万人，而另外一些语言的使用人口只有几百人，这种语言的多样性可能与使用这些语言的村落在地理上和文化上的隔绝有关。

口腔中稍微后移。但是对于当地人来说，即使这两个单词在其他方面的特征一模一样，他们也能够很容易把它们区分开来。

东南亚大陆语系

在东南亚大陆地区，许多语言之间词根虽然各有不同，在其他方面却有惊人的相似之处。

东南亚大陆包括缅甸、柬埔寨、老挝、泰国、越南和马来西亚半岛，在这一广阔的区域分布着 5 个本土语群，分别是南岛语族、苗瑶语族、孟-高棉语族、汉藏语系和侗台语族。这些语群的分布与现代国家的边界线不一定吻合，从下图中你也可以看到，其中有许多地方是相互重叠的。

在这个地区所使用的语言有一个显著的特征，虽然在基因上毫无关联，在结构上却有许多相似之处。前面我们讲过

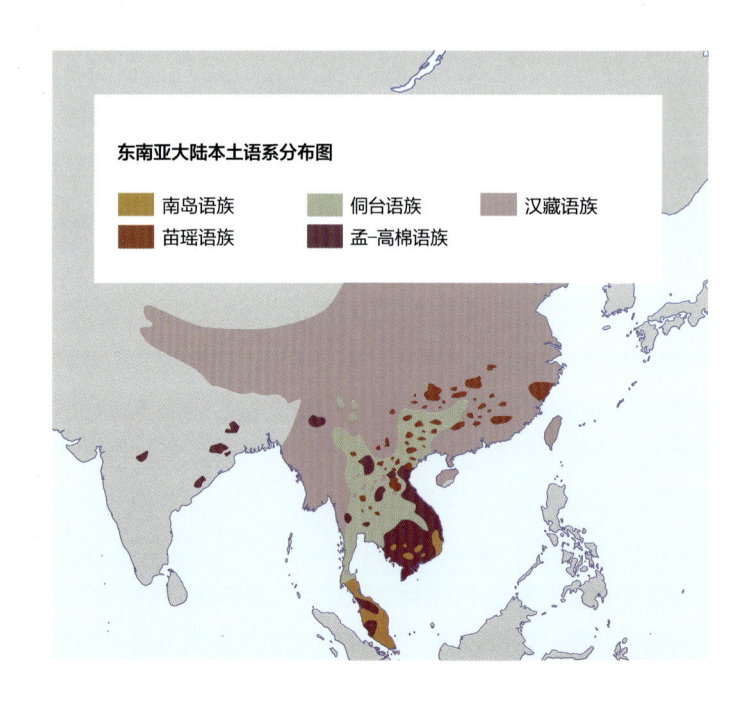

东南亚大陆本土语系分布图

■ 南岛语族　■ 侗台语族　■ 汉藏语族
■ 苗瑶语族　■ 孟-高棉语族

[魔鬼] [水稻种子] [马] [坟墓]

↑ **音调变化**

与其他孟-高棉语族的语言不同，越南语中使用音调，"ma"这个单词的不同音调，例如，或是升调，或是降调，又或是平调，其意义都有所不同。

区域内的语言相互影响的现象，而在这个地区，这种现象尤为突出。在分析印欧语系时，我们曾专门设计了一套模型来讨论语言之间的相互关系，而结构上的相似性特征为我们分析语言关系提供了一个新视野。在印欧语系中，许多分支（印地语、希腊语、意大利语、日耳曼语）在几千年以前就已分道扬镳，虽然也不免受到邻近区域语言的影响，但大部分都还保留了各自的语言结构，这些语言结构足以把它们与各自相邻但又毫无关联的语言（如希腊语和阿拉伯语或突厥语）区分开来。像东南亚大陆这种情况，许多语言虽然在基因上分属不同种类，但是这些语言的使用者几千年来在相对狭小的地域内相互交融，这样一来，语言间的横向借用就不可避免了，但其具体原因和程度还存有争议。

东南亚大陆语系

音调

音调可能是其中最具争议的方面。所谓音调，即每一个音节——例如"tan"（不是语言实例），其音节核在发音的过程中，音调可以往上"tán"，也可以往下"tàn"，也可以先上再下"tân"，还可以一直保持平调"tān"，每一种声调都表示不同的意义。这个例子只是其中一种音调体系，还有其他更多不同（音调或多或少）的体系。从理论上来讲，每一个音节都可能有许多不同的音调，同时对应许多不同的意义。我们把上例中"tan"的不同音调称为调素，把这种音调又称为轮廓音调。轮廓音调与标记音调有所不同，在标记音调中，不同的调素有不同的音高，而不是在同一个音节核中，上升或下降，又或者先上升后下降。轮廓音调和标记音调也经常存在于同一种语言中。

对于许多语言学家来说，越南语一直是个谜团。从其词汇和结构来看，越南语的基因分类应属于孟-高棉语族，但孟-高棉语族的语言基本不使用音调，越南语却是其中的另类，在越南语的北方语体中更是存在多达六种不同的音调。

越南语获得音调的具体机制，目前仍存在很多争议。但是大多数语言学家都认为，音调这一"概念"应当是从相邻的音调类语言中学来的。侗台语族和苗瑶语族都拥有相对复杂的音调系统。而一旦引入音调的概念，音调就会在适应语言的语音系统，以各种形式表现出来。比如是否发声，是前塞音还是后塞音（例如"pop/pob/bop/bob"），中间一个元音的音调走向如何，等等。

元音、单音节和格

该地区语言的另外一个区域特征可能是拥有大量不同的元音，同时长短元音之间存在音位区别，而且特别喜欢使用

↑ 该地区的语言喜欢使用单音节词，例如，在越南食物流动车上悬挂的菜单上，用于出售的各种烤肉都是用单音节词书写。

单音节词。

使用单音节词的语言就是孤立语。这种语言缺少屈折形态变化，名词没有阴阳特性标记，动词没有时态和体的标记。当然，也并不是所有语言都是如此。有些语言没有上述标记，是因为受到了区域语言的影响，而不是直接从原始母语中继承而来。

中 文

中国是一个拥有 14 亿人口的大国，中文是一个统称，用于概括这片土地上使用的各种语言。

许多人都听过在中国南部和香港地区使用的广东话（或者粤语），同时也有许多人知道中国的官方语言是普通话。普通话原属北京方言，广泛使用于中国北方，70% 的中国人都使用普通话。但是在中国广袤的土地上还有一些其他的语言变体，如晋方言、赣方言、湘方言、客家方言话、吴方言和闽方言。

这些语言的使用者大多很难听懂其他方言。普通话和广东话的区别就像英语和荷兰语的区别。统一的中文书写体系能够把中国这样一个地域广大的国家统一起来，主要便在于中文的字和发音之间没有必然的联系。这有点像看见"4"时，英国人会说"four"，意大利人会说"quattro"。如果北京人看见"我"，他就会说"wo"，而远在中国香港九龙的人就会说"ngo"。

早期的中文

最早的中文文字记录应该是公元前 1300—公元前 1050 年间刻在甲骨上的文字，但这些象形符号实际上并不是用来表示发音的。有关发音的记录可以从《诗经》中窥见一二。《诗经》收录了从公元前 10 世纪至公元前 5 世纪的 300 多首诗歌，按照传统习惯推断，这些诗歌应该都是押韵的。韵律是中国古诗歌的一个重要特点。最早的一部音韵字典是《切韵》，成书于公元 601 年，其他的韵律书籍，如今都已失传

→ 中文最早的文字记载是商朝时期记录在甲骨上的神谕，上面包含的信息有统治者、历史事件和宗教仪式活动。

中文

了。《切韵》的编者使用的方法是，先列出一个字，然后用其他的字对其发音进行解释。

在这方面取得重大突破的是瑞典语言学家高本汉。他利用从印欧语言研究中发展而来的历史语言学方法来重现7世纪时中文的发音状况。他的做法是，先取一汉字，考察其在中国东、西、南、北各地主要方言中的现代发音，如果这个字在各方言中的首音相同，那么就可以断定，这个字在《切韵》时期的首音也是如此。但是如果在各种方言中的发音并不一致，他就运用从其他语言研究中获得

高本汉

与同时代人相比，高本汉（1889—1978）算得上是一位伟大的学者。在乌普萨拉大学就读本科期间，他学习过瑞典方言，但是不久就把历史语音重构法的研究方法运用在汉语语言的研究上。1910年，在学习了汉语两个月后，他第一次来到中国，并在中国学习了两年的汉语方言。高本汉对中国古文字的研究为今后几十年的汉学研究奠定了基础。

的语音演变规律来推测出这个字的发音。例如，如果一个字的音节头在三种方言中都是 [t]，而在另外三种方言中是 [d]，那么就可以推断出这个字的原始发音应当是 [d]。因为一个语音从浊音变成清音相对容易，而从清音变成浊音就比较难了。

当然，只靠这一种方法不可能解决所有的发音问题，但是在揭开古汉语发音之谜方面，高本汉取得了巨大的成就。后来的研究证实，高本汉的推论有些是值得商榷的，甚至有些是错误的，他重构出来的口语并不是当时当地真实使用的口语。但是我们也要考虑到，韵书的编纂者当时可能使用了一些陈旧的形式或者是来自本区域之外的形式。蒲立本也曾经指出高本汉没有充分考虑汉藏语系中其他语言的情况。

中文的自足性

中文一直都是文化和历史的巨人，有证据表明，汉语对周边语言产生了深远的影响，而周边语言对汉语的影响则少之又少。虽然汉语的孤立性并不只是传闻，但也确实令人难以置信。一直以来，汉语与如今的蒙古、缅甸、老挝、越南等地的人们使用的语言并无瓜葛。

有些语言学家也注意到了汉语中的借词现象，例如，一般认为汉语中的狮子（汉语拼音"shīzi"）一词就有可能是从吐火罗语"śiśak"借用而来的。这个单词与古汉语格格不入，因为古汉语主要是以单音节词为主。但是吐火罗语地处新疆地区，地理位置使得词汇借用成为可能，再加上丝绸之路的往来交流，这一说法就更加可信了。

↑ 这幅画创作于8世纪，源于中国的商贸城市"敦煌"。它描绘了强盗对丝绸之路的商旅们拦路抢劫的情景。

单音节词与孤立的关系

汉语在结构上与欧洲和中东地区使用的语言有很大差异。汉语中最为突出的特征可能要数其单音节特质。在古汉语中，词与词素的数量为一比一，而在现代汉语中，许多词都是由两个音节组成的，但是这种现象并不能说明汉语发生了本质的变化，因为现代汉语中的双音节词都是合成词。例如"diàn huà"这个词的意思是"电话"，但它实际上是个合成词，"diàn"是"电"的意思，而"huà"是"话"的意思。汉语中只有极少数的双音节词不能分解成单音节语素。例如"méi gui"（玫瑰）和"zhī zhū"（蜘蛛）。

语言学家们把这种语言称为孤立语或分析语，意思是这种语言中没有屈折形态变化——名词没有表示"格"的词尾，动词也没有表示时态、体和语气的屈折变化。但这并不是说汉语中没有上述这些概念，汉语是通过在词前或词后添加小品词来明确语义。下例是一个典型的汉语句子：

tā	hē	shuǐ	le	ma
第三人称	喝	水	过去	问题标记

他喝水了吗？

汉语中没有区别男女第三人称单数的单词，统一都为"tā"；根据词序和意义，"shuǐ"可以理解成宾语；"le"是一个小品词，表示动作已经完成；"ma"则表示句子是个问句。语句的意义取决于一系列有实际意义的词（喝、水）以及表达语法信息的小品词（完成，疑问），还有词序。

和东南亚地区的侗台语族一样，汉语也属于声调语言，汉语中有四种音调，分别是：阴平、阳平、上声、去声。这些声调应用在同一个音节上会产生四种不同的含义。例如，我们可以把上述四种音调应用在"yao"上，那么"yao"就会有四种不同的意义，分别是"yāo"（邀请）,"yáo"（摇晃）,"yǎo"（咬合）或"yào"（药品）。你还可以找到许多音调相同的同音异义字："yāo"可以表示"妖怪"的意思，也可以表示"腰部"的意思；而"yáo"则可以表示"歌谣"和"砖窑"等。

↓ 现代汉语最突出的特点就是使用大量的合成词，例如电话就是由两个字组成的，分别是"电"和"话"。

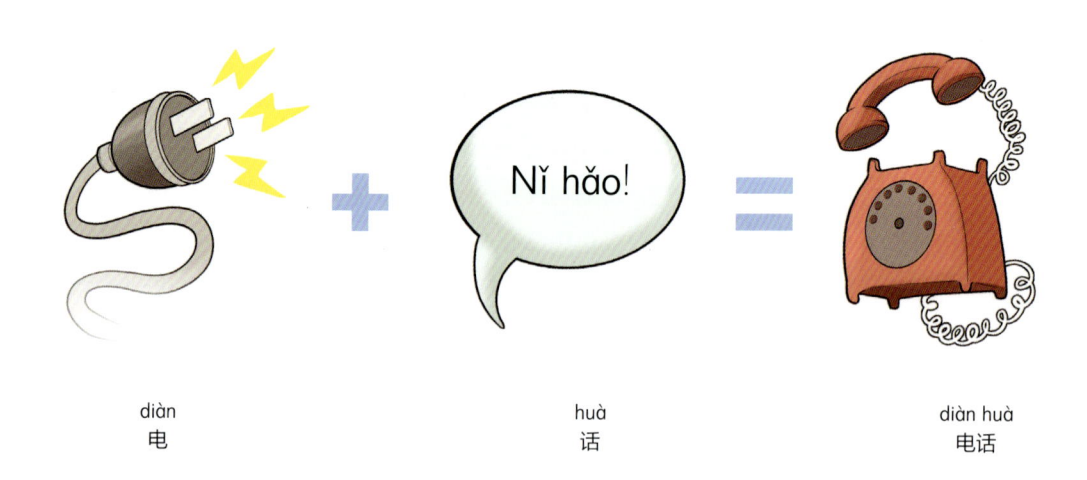

diàn
电

huà
话

diàn huà
电话

日语

除了书写体系上的相似之处,日语与汉语截然不同。

汉语是声调语言,日语不是;汉语词汇由一个或两个音节组成,日语不是;汉语倾向于使用闭音节,日语却更喜欢使用开音节;汉语属于孤立语,日语属于黏着语,并且拥有复杂的屈折形态系统。

与其他语言的联系

日语和其他语言的联系目前仍众说纷纭。日语的使用者基本上都集中在日本,虽然澳大利亚、巴西和夏威夷也有使用日语的人口,但那都是近代以来移民的结果,对于探讨语言源流没有什么实际意义。许多语言学家都认为日语属于孤

在日语中,日本的发音是"Nihon"。上图中两个日语文字(或者说是汉字)中,第一个是太阳(ni)的意思,第二个是根源(hon)的意思,因此,其意思是"太阳升起的地方"。

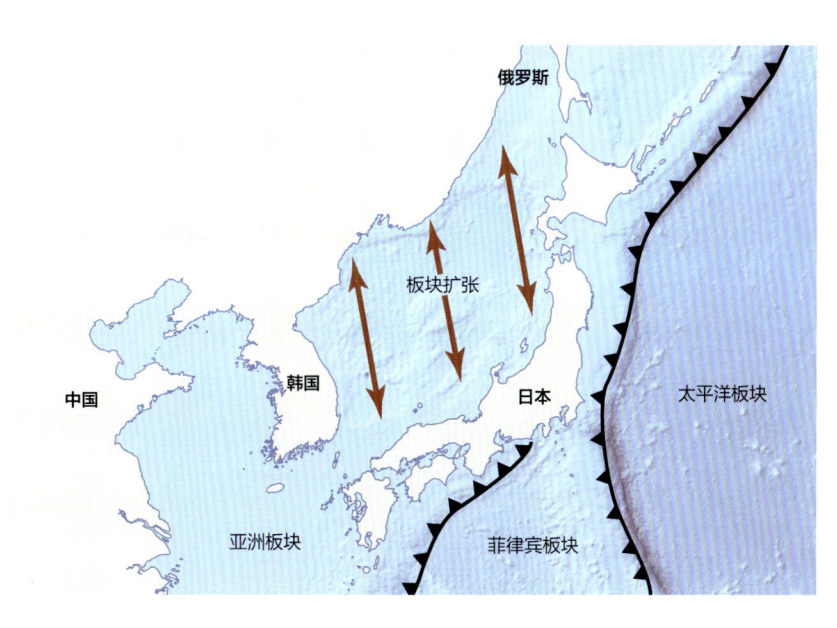

háshi

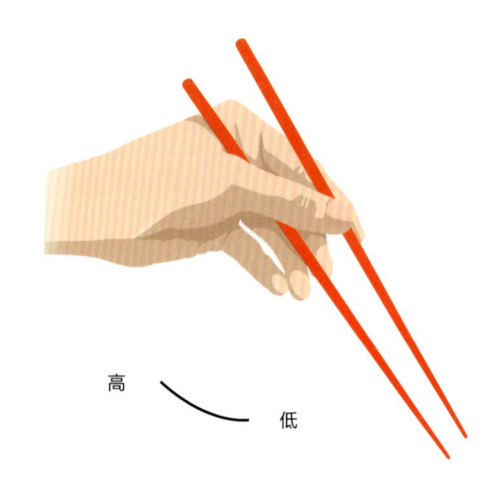

有些词只是音调上有所差异，例如，"hashi"这个单词，如果重音在第二个音节上，意思就是"筷子"。

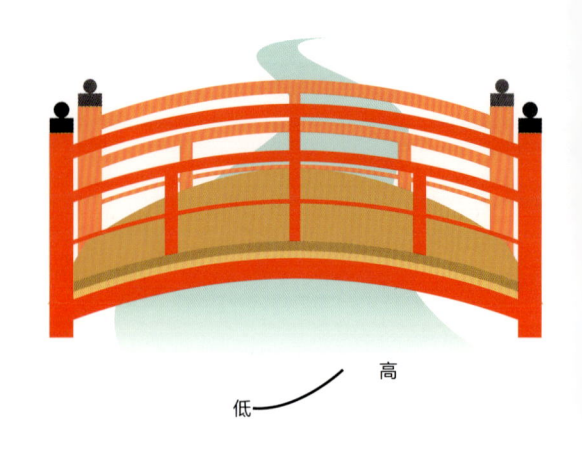

hashi

当重音落在第一个音节上时，"hashi"的意思是"桥"，但如果是平调音，同样还是这个单词，意思就变成了"边缘"。

立的语言，和其他语言没有亲缘关系。但是现代智人并不是起源于日本，因此，居住在日本的早期人类也一定是从其他地方迁徙而来的。直至旧石器时代晚期，日本和亚洲大陆之间仍有一条陆桥连通。有些语言学家认为日语与韩语之间存在一定的关联，并且这种关联并不仅限于借用词汇和语言结构等区域语言影响的范畴。一小部分语言学家甚至提出阿尔泰假说，将日语和韩语、蒙古语和突厥语一同归入同一语系。但是就连把日语和韩语联系起来的说法都未必站得住脚，因为这两种语言的形态是如此大相径庭。日语是以开音节为主的语言，有据可查的早期词汇更是如此；而韩语则恰恰相反，更多使用闭音节。因此，我们很难据此推测出日语和韩语是由同一种母语演变而来。

音调

汉语是一种拥有曲线声调的语言，而日语中使用的则是音调。两者之间的区别并非简单到无须解释。汉语中的声调适用于单一音节，因此汉语中的"má"和"mǎ"是有区别的，前者声调上扬，而后者声调先抑后扬。所有这些变化都发生在一个音节内。日语中的音调则有所不同，某一特定音节的音调要比它后面的音节高。用音乐上的术语来说，就是通过升高音调来突出某个音节。日语的音调与某一单一音节内声调的抑扬没有任何关系，效果却极其显著，有些单独

↓ 单独发音时，日语单词 hi 的意思分别是"太阳"和"火"，或其他什么意思。在句子中，这个单词的意思由其音调来决定。

Hi ga deta
（太阳出来了）

Hí ga deta
（火灾爆发了）

日语

发音时听起来并没有什么区别的单词，后面接续其他单词的时候却能产生不同的意义。例如，日语中的单词"hi"，这个单词本身有许多不同的意义（例如太阳、火、公主、墓碑）。"hi ga deta"的意思是"太阳出来了"，而发音相同音调不同的"hí ga deta"的意思则是"火灾爆发了"。

词汇

我们经常说，在阿拉伯语中，用于表示骆驼的词汇有很多，这些词汇不仅可以用来表示不同种类的骆驼，还可以用来表示同一种类但处于不同生长时期的骆驼。日语中至少有不下 10 个单词可以用来表示"琥珀鱼"，其实这也不足为奇，因为日本是个岛国，捕鱼业对于当地的饮食和经济至关重要。

中文对日语词汇具有深远而重大的影响，很多日语词汇是从汉语借用而来的。这种借用词和本土词汇的对应，就犹如英语中由拉丁语衍生而来的词汇和其对应盎格鲁-撒逊词汇之间的关系（例如，"eat"和"consume"，"get"和"acquire"，等等）。

礼貌与敬语

另外，日语的词汇还因使用者和场合而有所差异，有些词只限于男人之间交谈时使用，有些词是在公共场合使用，还有些词只适合女人使用。例如，"sushi"只是个原始词形，如果男人对女人使用这个单词，那么他就会用"o-sushi"，单词中的前缀让这个单词变得更加礼貌了。实际上，这还只是冰山一角，日语中的词汇和语法都可以用来表示复杂的礼貌、尊敬和等级体系。当直接或间接提及某个值得尊敬的人时，日本人就会使用所谓的敬语形式。而谈及自己或自己群体中的某一个成员时，则使用相应的谦语形式，以表达对对方成员的尊重。

例如，如果我在公司内部提及同事"田中"先生时，我就可以直接称他为"田中"。但是，如果我还是指称同一个姓名，但是这个人与我们不在同一个公司工作，而是在一个有名望的人开的公司工作，这时我就会用敬体，称他为

↑ 日语中有许多单词可以用来表示"鱼"。根据其不同的生长周期，日语中大约有 10 个不同的单词来表示"琥珀鱼"。

敬语形式和后缀

-san： 先生 / 女士

-kun： 和地位低的人说话

-shi： 非常礼貌，主要用于给素不相识的人写信

-sama： 比 -san 还要尊敬的形式

senpai： 在中小学、大学里工作的年长的同辈人

kohai： 与"前辈"相对，用于在大学中工作的年轻的同辈人

sensei： 在医疗、法律行业工作的专业人士，政治家，王公贵族

"田中先生"。

  这套系统在词汇层面行之有效，所有动词都可以相互替换。一般日本人在表达"给"的含义时用"ageru"。但是，如果有人提及上司赠送的礼物，就会使用相应的敬语形式"kudasaru"。反过来说，还是同一个人提及他送给上司的礼物，这时，他就会使用谦语形式"sashiageru"。

  在日语中"masu"是一个独立的后缀，用于表示礼貌，可能和敬语系统有重叠之处，但是"masu"主要是表示对听话人尊敬的一种优雅的口语语体，因此，除了在轻松熟悉的环境中，在任何场合下这种语言形式都十分常见。例如，日常口语使用非敬体表达"在书架上有一本书"，你可能会这样说：

tana	ni	hon	ga	aru
书架	地点词	书	提示主语	是

小品词"ni"表示地点,"ga"提示动词的主语。如果你想让这句话更加礼貌,可以把最后这个动词"aru"改为"arimasu"。比如在电视节目中一般就会采用这种表达方式。

从上面的例子中也可以看出,表示不同的人做某事时,日语的动词没有发生屈折变化,在许多其他语言中(例如德语、拉丁语、希腊语和西班牙语),动词词尾都要发生屈折变化以表明发出动作的是谁——比如我、你或者他等。在日语中,词尾变化形态十分复杂,其表达的意义却有所不同。日语中有两类规则变化动词(分类取决于其语音形态)和一类不规则变化动词。这三类动词都有基本的"词典形式"并以"-u"结尾。例如,"kau"(第一类,买的意思)和"taberu"(第二类,吃的意思)。如果你想说"田中先生买报纸",动词无须因为主语是第三人称而发生变化,因为这些可以从情景中推断出来,因此你可以用敬体"-masu"这样说:

Tanaka-san	wa	shinbun	o	kaimasu
敬语	提示主语	报纸	提示宾语	买

世界上的许多语言,只要在句中插入像"not"这样的否定词,就能将句子变为否定句。日语中表否定时,词汇有特殊的屈折变化,你可以任取一个动词,然后把后缀由"-masu"变成"-masen"就可以了。

美洲语言

如今，北美洲使用的语言主要是英语，南美洲使用的语言主要是西班牙语和葡萄牙语，但本节中我们要讨论的是美洲这片广袤的土地上——从北极的阿拉斯加一直到合恩角——所使用的本土语言。

现代人类的发源地很有可能是在非洲东部，如果事实果真如此，那么首先到达美洲并在那里生活的人一定是从其他地方迁徙过去的。据推测，在最后一次间冰期期间，美洲和亚洲两块大陆之间是连通的，有一群人从亚洲东北地区徒步越过白令海峡来到美洲大陆。当然，这个假设还存在争议。还有观点认为逐渐扩散的模式更为可信，比如人类可能是从东亚地区通过海洋逐渐扩散到美洲大陆的。不过，有证据表明，美洲土著居民和东亚地区的人确实有许多相似之处。他们带来的语言从地域上来讲可以分成三类：爱斯基摩-阿留申语言、中美洲语言和南美洲语言。

爱斯基摩-阿留申语言

使用爱斯基摩-阿留申语言的人大部分分布在阿拉斯加、加拿大北部、格陵兰岛和俄罗斯，人口大约有 26 万。爱斯基摩语和阿留申语之间相互关联但又各不相同。使用这两种语言的人可能是最后一批从亚洲迁徙到美洲大陆的移民。例如，就语法而言，爱斯基摩语中有作格，阿留申语中却没有；就发音而言，阿留申语总缺少 /p/ /b/ 这两个辅音和 /e/ /o/ 这两个元音，而爱斯基摩语中有辅音 /p/，但是没有辅音 /b/，并且也同样缺少 /e/ 和 /o/ 两个元音。与之类似的

↑ 弗朗西斯·邓斯莫尔，是当时美洲印第安部落歌曲、音乐和文化方面的权威人士。上图显示的是1916年她用一种蜡筒留声机记录一名印第安部落黑脚族成员演唱歌曲时的情景。

美洲语言

183

语言都有一个显著的特征，那就是极强的黏着性：你可以从一个词根开始，加上不同的后缀，用于表达各种语法和词汇信息，这样一来，在其他语言中需要用一个句子才能表达的信息，只需一个单词就可以表达了。由前文我们已经了解到，土耳其语也可以视需要实现类似的效果，但是在这方面，爱斯基摩语可以说是有过之而无不及。20 世纪的语言学家们常说，爱斯基摩语中表示"雪"的词汇很多。从某种程度上来讲，这样说一点儿没错，只是数量有些夸张，原因就在于有些所谓的"单词"实际上是添加了形容词或者词尾后缀的句子，语言学家把这些用来描述雪的句子也算作单词。这便是著名的"爱斯基摩词汇大骗局"，实际上，这是语言学家因不了解爱斯基摩语的内在规律而犯下的一个错误。

阿萨巴斯卡语

如果你从爱斯基摩-阿留申地区稍微向南走一点，就会接触到加拿大的阿萨巴斯卡诸语言（或纳-德内诸语言），德纳伊纳语就是其中的一种。如今使用这种语言的人只有区区几千人，他们以部落形式（如阿帕奇部落和纳瓦霍部落）聚居于更加往南的地区。下页图中标出了这些人的具体分布区域，并重现了在新的外来人口迁徙进来之前，当地的语言使用情况。同一语言的使用者零散地分布在孤立的区域，这种情况并不少见：一些小部落会出于各种原因从大部落中分离出来，比如受地形限制，或者由于领地贫瘠导致难以立足，等等。例如，一些人离开位于 A 地的大部落来到 B 地谋生，但可能由于这里地形崎岖或者缺少水源，分离出来的部落难以在此处定居下来。若返回 A 地又路途遥远，于是其中一些人又继续迁移到 C 地，而另一些人则继续留在 B

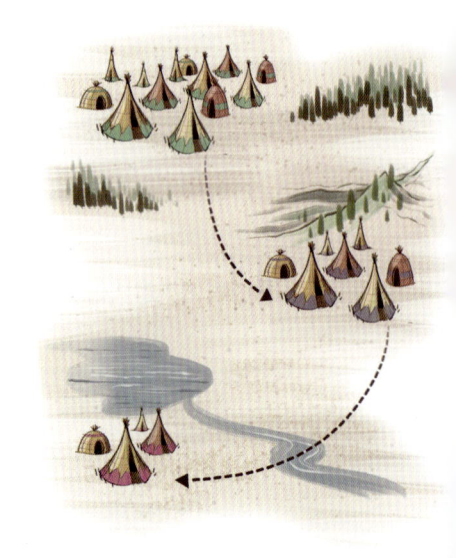

↑ 我们经常发现使用同一种语言的人分驻在不同的区域，这是因为有时一些人从大部落中分离出来后在另外的地方定居下来。

北美土著居民语言分布图

- 阿尔基克语
- 伊洛魁语
- 马斯科吉语
- 苏语
- 乌托-阿兹特克语
- 阿萨巴斯卡语
- 萨利希语
- 爱斯基摩-阿留申语
- 玛雅语
- 其他语种

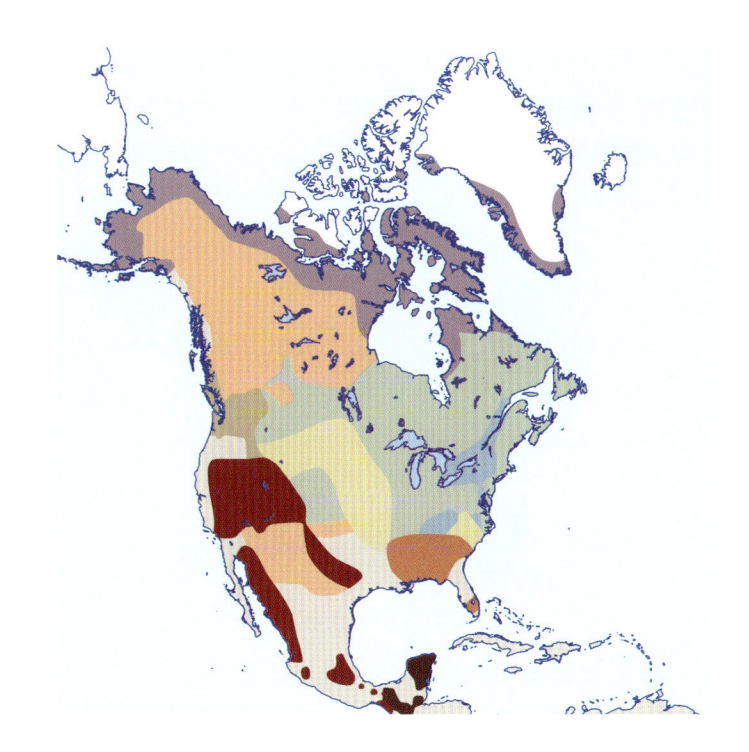

地。但后来从普利茅斯远渡重洋而来的新教徒,在 C 地杀死了许多该部落的人,幸存者们又重新组成了另外一个部落,便又形成了一个孤立的小语言区域。

北美地区大约有 200 种不同的土著语言,如何对这些语言进行分类还存在争议。更为棘手的是,由于英语和西班牙语的入侵,当地许多土著语言都已经消亡了。如今人们在学校教授这些语言,尽心尽力使其能够得以保存,不至于失传。其中,最为人们所熟知的有黑脚族语、彻罗基语、克里语、纳瓦霍语和奥杰布瓦语。

尽管这些语言的发音和语法对于其使用者来说既有趣又重要,但它们之所以为世人所熟知,仍要归功于第二次世界大战期间被美国海军用作密码的传奇事迹。虽然其他土著语言也经常被当成密码使用,但是如果说起"二战"时期

美洲语言

的密码，人们最常提及的土著语言还是纳瓦霍语。这些语言晦涩难懂，除了北美某些特定区域的居民，几乎没有人能够听懂这种语言，并且比较容易招募到合适的新兵。这些士兵的工作并不是用纳瓦霍语互相交流，同时寄希望于敌人抓不到活口，无法破译密码这么简单；而是将各种常用的军事术语编译为纳瓦霍语词汇，例如鱼雷攻击机是"tas-chizzi"（吞下），驱逐舰是"ca-lo"（鲨鱼）。密码员必须熟记密码本的内容，这样就算被敌人俘获，密码本也不会落入敌人之手。用这些语言编制密码简单便捷，而且不易被敌军破译。

中美洲语言

中美洲语言种类繁多而且十分复杂。纳瓦特尔语是阿兹特克人使用的主要语言，这一点早在 15 世纪西班牙人征服这一地区时就已经得以证实。如今在墨西哥，有 150 万阿兹特克人的后裔使用这种语言。这种语言的语音结构十分复杂。例如，[tl] 这个音是在两个不同发音部位同时发音，与英语单词"bottle"中的"-ul"音完全不同。同时，这种语言中没有浊塞音（/b/、/d/、/g/）和送气浊音。

尤卡坦玛雅语的使用范围在尤卡坦半岛上，使用人口有 80 万。其主要特征之一便是声门紧喉音，这类语音在高加索语言中也有所使用。从语言类型学的角度来说，这些特征竟出现在两个相隔如此遥远的地方，这一点着实有趣。这两种语言共享这样一个罕见的语言特征，却只是巧合而已，并没有人认为这两种语言之间存在基因关联。

南美洲语言

南美洲语言包含大量各不相同的语种，其中使用人数最多的就是盖丘亚语，有 900 万人之多，大部分都居住在秘

→ **纳瓦霍语密码员**

在第二次世界大战期间，美国海军招募能够使用纳瓦霍语、苏语和科曼奇语的本土人担任密码员（图中的密码员是亨利·巴克和乔治·柯克，照片摄于 1943 年）。由于工作性质的原因，他们为战争胜利所作的贡献到 20 世纪 90 年代才公布于众。

美洲语言

鲁、厄瓜多尔和玻利维亚，当然也有少部分分布在其他地方。和土耳其语以及该地区的其他许多语言类似，从语法上来讲，盖丘亚语也属于黏着语，拥有许多表示格和所属关系的标记，但都是作为后缀添加在单词后面的黏着语素。

和盖丘亚语一样，塔里安纳语（分布于巴西的亚马孙河上游地区）也用动词标记来表示语言的言据性。盖丘亚语和塔里安纳语中分别有三种和五种不同的动词后缀来区分哪些是你亲眼所见，哪些是通过视觉以外的其他感官作出的判断，哪些只是感官判断，哪些是根据更为宽泛的标准作出的假设，以及哪些是听说的。如果我要用塔里安纳语表达"玛利亚做了南瓜汤"，我可能会用到五种不同的后缀来标记表示"做"的动词。

后缀	意思
-ka	我确实看见玛利亚用南瓜做汤
-makha	我可能没有实际看见，但是我听说她用过榨汁机和锅，然后我就闻到了熟悉的南瓜汤气味了
-nikha	做汤时我虽然不在，但是我回家的时候，在玛利亚的厨房里看见了锅，而且在锅底有很浓的橘黄色汤的痕迹
-sika	所有的东西都清理干净了，厨房里什么都没有了。但是，今天是11月2日，也就是巴西的万圣节，玛利亚常常在这一天做南瓜汤
-pidaka	我没有去过那所房子，但是曼纽尔告诉我说玛利亚做了南瓜汤

这种区别在其他语言中也并非闻所未闻，但世界上的确很少有语言会要求你每次在说话的时候都必须作出选择，强制在单词后面添加词尾。

→ 在南美洲，本地土著语言很多，与此同时，欧洲殖民者们还带来了西班牙语、葡萄牙语、荷兰语、法语和英语。

美洲语言

同一种语言，不一样的世界

传闻温斯顿·丘吉尔曾经说过，英、美两国是被同一种语言分隔开来的两个国家。这句话究竟是出自丘吉尔之口，还是出自奥斯卡·王尔德或者乔治·萧伯纳之口，都已无关紧要，因为这句话确实道破了某些真相。

长期以来，英国英语和美国英语的差异给大西洋两岸的人们带来了无穷的烦恼，同时也为他们提供了无限的乐趣。烦恼的根源主要是因为英国人的狂妄自大。A. E. 豪斯曼曾因一句话让一位记者大为不满："我可没有闲工夫去做这个。"这位记者认为这句话是美国英语，英国人应当说："我没有时间。"这个故事肯定发生在 20 世纪 30 年代，而不是现在，因为现如今美国英语的影响力太大了，简直无法阻挡。

我们应当记住，不是所有美国英语的用法都是时髦古怪的。在某些方面，美国英语还是保留了历史上流传下来的一些正确的语言形式，而这些语言形式早已为英国英语所抛弃。17 世纪离开英国的早期移民在到达美国后，使用的还是他们原来的语言。例如，"gotten" 原本是 "to get" 的过去分词，现在听起来这已经成了地道的美式用法，但事实并非如此。这不过是早期英国英语口语"出口返内销"而已，可以确定这种说法绝非"美国制造"。

英国英语和美国英语

英国人喜欢纠正别人的单词拼写，例如，他们认为 "organize" 中的 "-ize"，就是一种错误的拼写，正确的英国

→ 1924 年，爱尔兰剧作家乔治·萧伯纳曾说"语言同源，易结姻缘；语言同根，谩骂无边"。

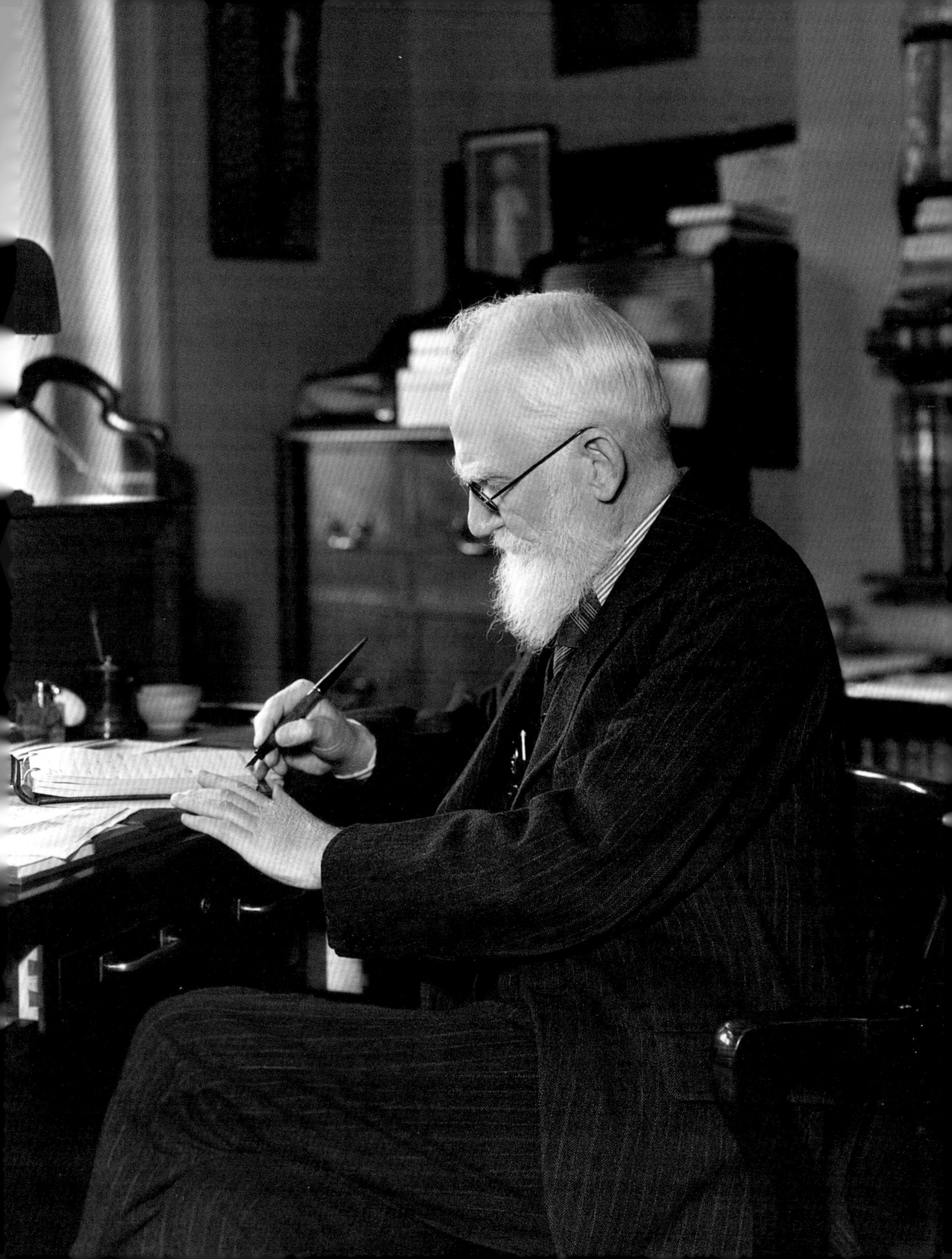

式拼写应为"-ise"。但是，在20世纪80年代，伦敦的《泰晤士报》更偏向于使用"-ize"的拼写形式，牛津出版社甚至到现在都认为"-ize"就是正确的拼写形式。人们把类似的拼写形式称为"美国拼写"，但实际上，这只是在过去的半个多世纪里英国人逐渐抛弃不用的拼写形式。

还有一些拼写形式是在海外经过改进之后又返回英国的。于是就出现了用"sidewalk"来代替"pavement"这样的明显差异。在服饰用语方面，差异就更大了，例如，在美国英语中"suspenders"是指男士吊带裤的背带，而在英国英语中则是指女用贴身内衣裤。

除此之外，发音上的差异也十分明显。在18世纪末期的英国伦敦，元音后的 /r/ 已经不用发音了，因此"pour"和"pore"的发音听起来都像"paw"。时至今日，英语的许多方言（除了苏格兰和爱尔兰）还在遵守这个规则。早期英国移民前往北美时，这一变化尚未发生，这种 /r/ 未脱落的发音随即被他们带到了美国，语言学家称这种发音方式为R化美音。后来随着时间的推移，居住在南部和东部诸州的移民和英国保持着联系，他们也开始逐渐模仿英国人这种 /r/ 音脱落的发音方式。生活在美国南部的人们将这种 /r/ 音脱落的发音方式视作一种更加高贵典雅的发音方式。而在美国内战以后，生活在南北分界线以北的美国居民开始恢复使用

当今世界，除了语言，我们和美国几无差别。

——奥斯卡·王尔德《坎特维尔幽灵》(1887)

↑ 就"pants"一词的意义来说，英国人和美国人各执一词。

/r/ 音——这其实并不难，因为在书面语中 /r/ 音从来都没有脱落过。社会语言学的研究显示，最近的几十年，元音后面的 /r/ 音已越来越多地被视为一种社会地位高的标志，例如，"fourth floor"。

西班牙语和葡萄牙语

同一种语言产生隔阂的现象不仅存在于英语中。任何一种使用人口众多且存在地理分隔的语言，都会产生类似的差异。比如，伊比利亚半岛上使用的卡斯蒂利亚西班牙语就和拉丁美洲使用的西班牙语有所不同。在西班牙语中，

同一种语言，不一样的世界

单词词尾的 /c/——比如"distinción"——应当发成清齿擦音，和英语中"thing"（与 this 发音形成对照）的第一个音一样，有一个典型的咬舌音；而在拉丁美洲的西班牙语中，这个音会发成 [s]。在词汇层面也有许多明显的差异，卡斯蒂利亚语中的"计算机"是"ordinador"，与法语单词"ordinateur"同出一源；而在拉丁美洲，"计算机"则是"computador"，明显是受到了美国英语的影响。在卡斯蒂利亚语中，动词"coger"的意思是"拿"或"抓住"，而这个词在拉丁美洲西班牙语中则是表示"性交"的意思。但拉丁美洲西班牙语并非总是显得这么随意。比如在卡斯蒂利亚语中，"vosotros"作为一个常用的复数代词，一般用来表示认识的一群人；而在拉丁美洲西班牙语中，同样的意思则是通过将"ustedes"（来源于"vuestras mercedes"，意思是阁下）与第三人称复数连用来表达的。在卡斯蒂利亚西班牙语中，"vosotros"表示礼貌与尊敬；而在拉丁美洲西班牙语中，这个词只是一种普通的复数称呼。

同样，葡萄牙和巴西使用的葡萄牙语也不尽相同。从某种程度上来讲，它们之间的差异都与语音变化有关，与上文中西班牙语的案例相似。同时在词汇方面也存在明显的差异。比如在葡萄牙，"公共汽车"是"ônibus"，而在巴西则是"autocarro"。如果某个东西是褐色的，葡萄牙人会形容为"marrom"，而巴西人则用"castanho"来形容。

世界范围内的法语

法国人讲的法语和比利时人讲的法语有所不同。例如，众所周知，法国人分别用"soixante-dix"（60+10）、"quatre-vingts"（4×20）和"quatre-vingt-dix"（4×20+10）来表示数字 70、80 和 90。在这一数字系统中，97 应为"quatre-vingt-dix-

guagua
baby

guagua
bus

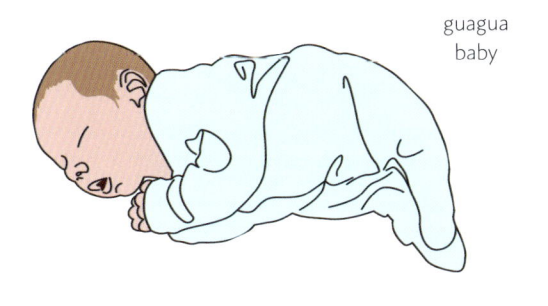

↑ **地区语言差异**

在智利使用的西班牙语中，"guagua"表示"婴儿"，但是在古巴、多米尼加共和国和波多黎各使用的西班牙语中，"guagua"的意思是"公共汽车"。

sept"〔（4×20）+10+7〕。而在比利时法语中，则是用单词"septante"和"nonante"来表示70和90的。在法国人看来，这种方式可能有些古怪，但它可以让97变得更加简洁："nonante-sept"。80的说法是个例外，比利时人采用了法国人的"quatre-vingts"；而瑞士人则选择使用"huitante"（法国人用huit表示8）；在法国的一些地区，人们则习惯将80说成"octante"，其词根和"huit"的词根一样，都是由拉丁语词根"oct-"演化而来，只是没有经历像"huit"一样的语音变化。

　　法语还受到了荷兰语的影响。日耳曼语族中有一种词叫可分动词，例如，在荷兰语中，像"mee"（和……一起）这样的介词可以作为动词前缀放在原形动词"komen"（来）的前面，这样一来，"meekomen"的意思就变成了"和……一起走"。而在疑问句中，介词可以放在句尾，因此，在比利时人使用的荷兰语中，"gij komt mee"的意思是"你和我一起来吗？"这种用法也被法语引入，变成"tu viens avec？"在标准法语中，这种把介词置于句尾的用法，就像英语中的"are you coming with"一样古怪。法国法语和魁北克法语也有类似的差异，例如在加拿大法语中，

同一种语言，不一样的世界

"espérer"的意思是"等"，而在标准法语中就不是"等"而是"希望"的意思。

德语的多样性

德国的德语与奥地利和瑞士使用的德语在发音和词汇方面都有所差异。这些差异不单是国家间的地理距离造成的（例如葡萄牙和巴西），同时也是众多相邻口语分支各自的本土认同造成的。德国人常常把晚餐称为"Abendessen"（或者"Abendbrot"），而在奥地利则称为"Nachtmahl"，在瑞士和德国南部又称为"Nachtessen"。在德国，熏制的猪肘叫作"Eisbein"，而在奥地利和瑞士则分别称为"Stelze"和"Wädli"。

英语、西班牙语、葡萄牙语、法语和德语所体现的语言差异都是有据可依的。这些语言并不是只属于某一种族，并且正是因为这些语言的多样性，世界才变得如此绚丽多彩。

← **法国法语和比利时法语**

法国和比利时不仅国界毗邻，而且使用同一种语言，但是数字的表达系统有差异，与法国法语不同，比利时人不用"sixty-ten"和"four-twenty-ten"，而是用单个的单词来表示70和90，而且与瑞士的法语也不同，他们没有表示80的独立词汇。

70 = soixante-dix 　　70 = septante
　　(60+10)
80 = quatre-vingts 　　80 = quatre-vingts
　　(4 × 20)
90 = quatre-vingt-dix 　90 = nonante
　　(4 × 20+10)

书写系统

许多语言中的"语言"一词，其本意就是"舌头"，例如法语的"langue"，希腊语的"glossa"，从中可以看出，语言首先是一种口语现象。研究口语的学者被称为语言学家，而研究书面语的学者被称为语文学家。现在这两门学科已合二为一——没有深厚的语言学功底，语文学家很难有所收获，而世界上只有很少一部分语言没有书写传统，因此，语言学家也离不开语文学的知识。但是我们应当牢记，书面语言是次要的，如果本末倒置，便有可能为书面语言的奇怪拼写所误导，因为书面语言所记录的往往是语言的历史发音，拼写系统往往格外保守。

书面语言是如此魅力无穷。从图画到字母，人类创造了如此之多的方式来记录他们的话语，令人赞叹不已。但是，无论人们选择哪一种路径，归根结底，总是从图画开始，然后慢慢过渡到用更为抽象的标记来表达我们的所见所闻——但同时我们也不能就此将书写的历史归结为朝字母演化的历史。

书写体系溯源

    书写无处不在，我们对此也习以为常。但是自人类在岩石和黏土上做标记、记录自己的思想开始，我们便向前迈出了具有革命性意义的一步。和口语的发展历史一样，书面语言的发展也有其独特性。

    法国南部拉斯科洞窟的岩壁上，保存着大约 1.7 万年前的野生动物岩画。你可能会说，壁画讲述的是狩猎和杀戮的

↑ 法国南部拉斯科洞窟的岩壁上，保留着一些史前野生动物、人物形象和象征符号的壁画和雕刻，距今约有 1.7 万年的历史。

故事，而且它们只是图画，并非书写。你可以用图形来讲述一个故事，但是这些图形无法代表我们所说的语言。

象形图画、简笔图形和表意文字

位于现今伊拉克南部的古美索不达米亚文明，在公元前3500年左右遗留下来的文字，或许可以视作最早的文字实例。这些文字只是对所指事物的图像表达，并且往往附有所指事物的数量记录。历史学家认为这些文字所记录的语言就是苏美尔语。用绘画的形式来表达词汇一般称作图画文字，如今我们依然能看到这种文字。比如在上公共厕所时，我们常常会看见厕所门上的男女图形，但是我们在脑海中会将它们读作"男厕所"和"女厕所"。

在其后的早期历史阶段，记录方式开始从象形图画向意音文字过渡。和图画文字一样，意音文字也会让我们联想起某个词汇，只是图形更加抽象，不像图画文字（比如一头牛）那样容易识别。下页图中显示的是"鸟"字的演化过

→ 这块雕刻有原始楔形文字的石碑，是公元前3200年以前的文物，发现于一个名为基什的美索不达米亚城市，位于现今的伊拉克境内。

程。初期的图画文字看上去就像一只鸟，看到这个图形，人们可能就会说出"mushen"这个单词，也就是苏美尔语中的"鸟"。但是书记员们将这个图画文字进行了90度旋转，这时图画看起来就有点抽象了。当美索不达米亚人不再描绘图形轮廓，而是把这些像楔子一样的符号（楔形文字）刻入泥版中时，符号进一步变得抽象。到公元前2500年左右时，这种演化趋势就初现端倪了。到了公元前700年左右的时候，这一符号已经和鸟再无任何相似之处，人们必须经过学习才能识别这一符号，单从表面图形已无法猜出其含义。

如果文字朝更为抽象的方向发展，就变成了表意文字。这时一个符号就代表一个单词，但是符号与单词之间已经没有明显的关联。在当今社会中，我们对下列这些符号再熟悉不过了：&、£、$ 和 @。它们在任何语言中都通用。英国货币英镑的符号是£，但是很少有人会想到这是一个抽象的字母 L，是拉丁语词汇"librum"的缩写形式，意思是一磅的重量。并列符"&"是拉丁语手写形式"et"高度抽象化后形成的符号，意思和英语中的"和"一样。法国人见到并列符就会想到"und"，而西班牙人则会想到"y"。全世界的数字系统也都是一致的，1、2、3这些数字都是从阿拉伯语中引入的，与英语单词"one, two, three"以及德语单词"eins, zwei, drei"之间没有任何内在的联系，都属于表意文字。

象形文字和"画谜"原则

古埃及文字（象形文字）比美索不达米亚文字出现的时间要稍微晚一点，最早的古埃及文字可以追溯到公元前3000年左右。纳尔迈石板制作于公元前2900年左右，石板上雕刻的大部分都是图像，但同时也显示出当时文字的惊人

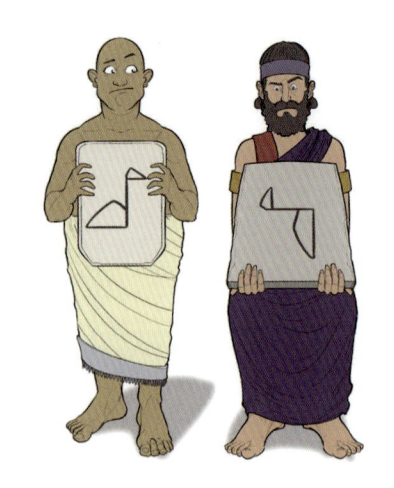

公元前 3200 年　　公元前 3000 年

公元前 2400 年　　公元前 1000 年

↑ 在2000多年的历史长河中，"鸟"这个单词从闪族语的象形图画一直演变为抽象的象征符号。

↑ 纳尔迈石板是公元前 2900 年的埃及雕刻，上面有早期的书写记录，用简写图形的方式记录了公元前 3100 年埃及南部地区和埃及北部地区统一的场景。

书写体系溯源

蜕变（美索不达米亚文字也是如此）。石板正面的顶部画的是一个叫"serekh"的方框（后来被称为"cartouche"），有埃及古物学者认为，方框内雕刻的是一个王室贵族的名字。除此之外，方框内还雕刻有其他内容，其中一个象形文字表示鲇鱼，另一个符号表示凿子。但是我们从后来的史料得知，古埃及语中，鲇鱼读作"na'r"，凿子则读作"mr"。因此，上述两个符号并不是表示鱼和工具的，而是借用其发音，将两个符号放在一起拼写成国王纳尔迈的名字。

上述过程便是著名的"画谜"原则，也就是说，最初作为图画文字创造出来的符号逐渐用于表示发音。这种方法类似于法国人用"K7"表示收音机或录音机（K = ka，7 = sept，两个音放在一起，听起来就像是"cassette"，即法语的收音机或录音机）。这对于楔形文字和象形文字来说是极

↑ **现代表意文字**

表意文字指的是在各种语言中表达同样意思单词的抽象表达形式。——不论你使用何种语言，并列符都是表示"和……一起"的意思，全世界很少有人不认识美元符号。

202　　　　　　　　　　　　　　　　　　　　　　　　　　书写系统

其重要的一步,这意味着一个符号不仅可以指称其所描述的对象,还可以用来代表发音或首字母相同的单词。楔形文字中看起来像星形的符号,在苏美尔语中读作"dingir",意为"上帝";而在阿卡德语中,同样的符号则读作"ilum"。更有甚者,只要单词中出现了"l"音,此类语言会用这个单词的符号来代表其他词汇中的"el"和"le"音,同时还把这个符号推广到了其他发音中。

一旦符号与单词之间一一对应的关系被打破,美索不达米亚和古埃及的书写体系就变得十分精妙灵活,但与此同时也导致文本变得难以阅读。一个阿卡德语符号可以读成"lum",但是在不同的语境下,也可以读成"hum""gum""lu""num""kus""hus"!因此,毋庸置疑,古埃及语和美索不达米亚语的书记员都属于精英阶层。

表情符号不但没有削弱书面语言的地位,反而让书面语言更加强大,因为表情符号给句子插上了音调的翅膀。从某种意义上来说,表情符号是我们能够灵活应用的、最为有用的标点符号。

——艾米·J. 法维拉《没有"谁"的世界——新传媒时代语言指南》

↑ 亚述王宫中的雕塑和浮雕虽令人叹为观止，但是古美索不达米亚流传下来最伟大的文化遗产绝对是书面文字。

书写体系溯源

楔形文字和象形文字

美索不达米亚楔形文字和古埃及象形文字是最早的书面语言形式，都起源于图画文字。这种文字适用于记录动物数量等较为浅显的计数，但在表达抽象概念时，它就显得有些力不从心了。

在我们所谈论的这一历史节点（公元前 3500 年），人类语言已高度发达。口语交谈中的信息越来越丰富，却缺乏将其记录下来的手段。现在看来这似乎有些难以想象。但是在历史上，并不是每个文明都像我们这样渴望把口语记录下来。直至今日，在许多国家的传统文化中，仍然更加重视依靠记忆口述故事，而不是一个人独自阅读。令人惊讶的是，那些最早的文字实例竟与艺术创作毫无关联，更多是与新兴的官僚阶级记录档案的需要有关。

早期的苏美尔书面语言

苏美尔图画文字是如何记录口语的微妙变化的呢？苏美尔人同时使用了好几种方法。首先，他们将符号作为意音文字来表示整个单词，下图的苏美尔语符号的意思是"嘴"，发音是"ka"：

通过自然地含义扩展，这个符号也可以用于表达许多相关的概念——即使是完全不同的一个词，也可以用其来指代。所以，这个标记同时也表示"inim"（单词）、"zu"（牙齿）、"dug"（说）和"gu"（喊叫）。

→ 早期的书写文字大多是记录一些基本的管理方法：右图记录的是大麦的分布情况，其中还有一些图形是表示男人、猎狗和野猪。

其次，这个符号也可以用作音节书写符号，不再用来表示一个单词，而是表示音节或音节的一部分。例如下图符号的发音就是"ba"，意思是"给"。

但同时这个符号也可以用来表示"ba-"这个音节，例如作为前缀用在一些动词形式中。在高度发达的苏美尔书写体系中，这些语法词缀就是用音节书写符号来记录的，而动词词根本身则是用表意文字来记录的。这不由使人想起，日语也采用了类似的系统，在这套系统中，像动词和名词这样的实词一般是用表意文字来记录，在日语中称之为"kanji"（从中文中借用而来的汉字，但用日语方法来发音），而一些屈折变化形态则用音节字符来表示。在日语中叫作

楔形文字和象形文字

"hiragana"（即平假名）。

　　最后，许多单词的前面或后面会加上一个有意义的符号，但是在书写体系中只是用来表示另外一个单词的类别，例如，主神恩利尔的名字用音节符号是这样写的：

(EN) + (LIL)

　　不过它们前面通常还会加上下图的这个符号，表示"AN"或"DINGIR"（都是苏美尔语"神"的意思），这一前缀的作用就是为了标识清楚这两个符号是一个神的名字。

↑ 这幅早期的苏美尔浮雕就包含了一些象形文字的元素。

上图的符号可以转写为"dEN.LIL",但是,前面的限定标记在口语中不用发音,只读作"Enlil"。城市的名字后面一般都会添加"KI"标记,表示"地方"的意思:

"UNUGki"这个单词即"乌鲁克城"的意思,我们在读到这个单词时不用发"ki"这个音。

阿卡德语书写体系

苏美尔口语大约在公元前 2000 年就已经失传了,但是苏美尔文字被说闪米特语言的阿卡德人继承了下来。阿卡德语又分为南北两种不同的变体,北部变体被称为亚述语,而南部变体被称为巴比伦语。阿卡德语中使用的音素和音节结构与苏美尔语有所不同。尤其是阿卡德语中的重读辅音,像 /t/ /s/ 和 /k/ 这类重读辅音在苏美尔语中是完全不存在的,发音时舌体要展开,舌位放低,舌根需要回缩以阻隔咽喉通道。此外,阿卡德语中有"s,ś,š,ṣ,z,þ"六个擦音,但是苏美尔语中只有"z""s"和"š",这就意味着说话时常常会产生歧义。

总体来说,阿卡德语也大致采用了苏美尔语的书写方法,即一个符号可以表示一个单词、一个音节(或者音节的一部分），或一个限定标记。但实际情况要更加复杂，因为苏美尔语虽然已不再是一种活语言，但是作为一种宗教和学术用语，影响仍然很大。书记员们也深知这一点，因此，他们就充分利用苏美尔语的意音文字来记录阿卡德语词汇，但无论读音还是含义都是阿卡德式的（正如日本文人借用中文表意文字一样），这种文字叫作苏美尔楔形符号。例如，我们前文讲过读音为"ba"的苏美尔语标记，意思是"给"，在阿卡德语中，这个符号经过演变成为不同的形式：

（苏美尔语）　　（阿卡德语）

由于这个符号在阿卡德语中表示"给"的意思，因此发音有所差异，这个符号在阿卡德语中发成"qiašum"，但同时也用来记录"ba"甚至"pa"这个音节，而前者是清音——这会导致很多麻烦，因为清浊音的区别在阿卡德语中属于音位上的差异，并且在记录像 VC 和 CV 这两种类型的许多音节时，同样没有在书写上作出区分。

总体来说，阿卡德语中音节的运用相当复杂，但幸运的是，阿卡德语的音节拼写方式已经被发现了，否则，我们将很难厘清许多苏美尔楔形符号在阿卡德语中的发音情况。不同时期的书记员耗费了大量精力制定词汇表，将那些拼写不明确，或者使用令人费解的意音文字拼写出来的单词一一记录下来。但是，即便是这些音节符号，其含义依然是多种多样的，例如下面这个符号就可以读成"tar""kud""has""sil"或"gug"。

→ **埃及造字者的作用**

犹如楔形文字，象形文字也是十分精密而又复杂的书写系统。在古埃及，年轻人受训后成为一名造字者后，可以承担社会地位更高的管理工作。

同时，我们也发现了一些相反的例子：一个单音节的发音也可用许多不同的符号来表示，例如，"sa"这个音就需要至少11个符号来拼写。

这套体系乍听起来会感觉有点混乱，它却一直沿用了3000多年，甚至被其他文化借用，用于记录自己的语言，其中就包括来自完全不同语系的赫梯语。这套体系的生命力之所以如此强大，很大程度上是由于表意文字的使用，使得语言紧凑简洁——不用把每个单词都按音节拼写出来。这套体系尽管存在上述一些变化，但不得不说，任何时期、任何地点的造字人员都会设法限制某一个符号所代表的含义的数量，所以很少会有一个符号具有三个以上的含义。

象形文字的书写体系

古埃及象形文字与美索不达米亚楔形文字都起源于图画文字。但是楔形文字不久后就开始非写实化，变得不像图画那么容易辨认了，原因就在于书记员们不再使用尖笔书写，

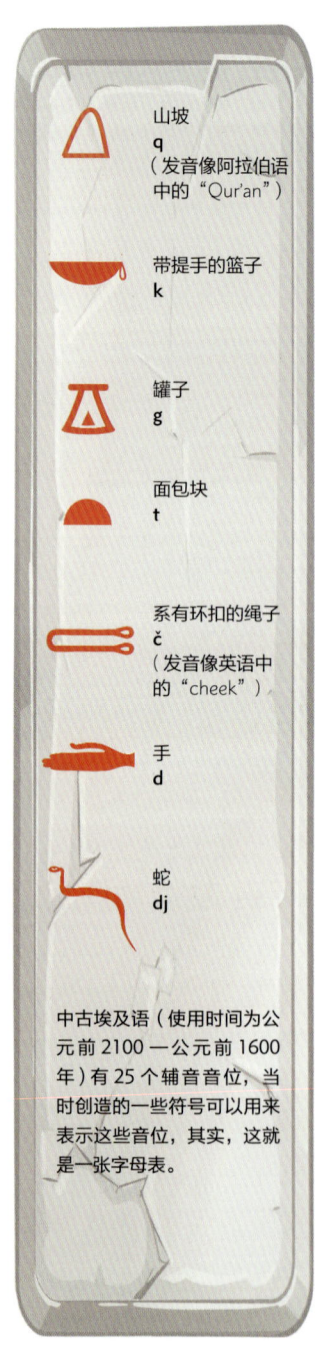

符号	名称与音值
秃鹫	声门塞音 aleph（发音像英语中的"animal"）
芦苇	y
两根芦苇	yy
前臂	喉音 ayin（发音像阿拉伯语中的"ع"）
小鸡	w
脚	b
凳子	p
带角的毒蛇	f
猫头鹰	m
水	n
嘴	r
芦苇棚	h（发音像英语中的"hide"）
拧在一起的亚麻	h（发音像阿拉伯语中的"ح"）
胎盘	ch（发音像德语中的"Buch"）
肚子和奶头	x（发音像德语中的"ich"）
闪电	z
叠好的衣服	s
水池	š（发音像英语中的"ship"）
山坡	q（发音像阿拉伯语中的"Qur'an"）
带提手的篮子	k
罐子	g
面包块	t
系有环扣的绳子	č（发音像英语中的"cheek"）
手	d
蛇	dj

中古埃及语（使用时间为公元前2100—公元前1600年）有25个辅音音位，当时创造的一些符号可以用来表示这些音位，其实，这就是一张字母表。

↑ 这张埃及莎草纸图的历史可以追溯到公元前1330年，上面画的是埃及法老图坦卡门、地狱判官欧西里斯及其妻子伊希斯和女神哈索尔。

而是使用切断的芦苇的三角形尖端在黏土上书写。而象形文字则没有发生这样的改变，虽说当时古埃及象形文字已经有了草书体，但是工匠们在石头上雕刻的依然是图画式的、写实的象形文字。书记员们使用的是最为原始的书体，但这并不意味着古埃及象形文字一直就是图画文字。虽然它确实保留了一些表意字，但大趋势依然是不断将语音与符号联系起来。

中古埃及语（公元前2100—公元前1600年间古埃及所

使用的主要语言类型）拥有 25 个辅音音位，而且有一套符号用来表示每一个辅音——实际上就是一个字母表。这个字母表在很多工具书中都可以找到，一些"用古埃及语写姓名"之类的娱乐活动也经常用到它。

但是实际上埃及人并不是用这个方法来书写自己的语言的。他们用这些符号，配合其他语音或意音符号，以及用以表示前一个单词的类别（男人、女人、神等）的图画文字，来书写自己的语言。在约公元前 3000—公元前 2000 年间，埃及人使用的符号大约有 1000 个；在接下来的 1000 年中，符号的数量稳定在 750 个左右；到公元前 1000 年左右时，符号的数量又突然升至几千个。

除了那些表示单个音位的符号，还有一些符号可以根据语境表示两到三个音位，例如，下图中表示沙漠野兔的符号发音"wn"：

下图表示黑朱鹭的符号同时也表示发音"gm"：

还有代表三个语音的符号，如下图，发音为"hnm"：

这些符号的派生义一般是由词汇间的语音联系衍生出来的。在黑朱鹭的例子中，在古埃及语中这种鸟的名字是"gmt"，利用这一符号，就可以很方便地书写其他含有"gm"发音的词汇。

你一眼就可以看出其中一些词汇看起来几乎无法发音。原因就在于，埃及的象形文字书写体系中不标明元音，许多

↑ 在古埃及，只有相当少的一部分人可以认字，因此，造字者在这个王国中作用非常重要。

亚非语系语言的书写体系也具有这一特点。听起来可能有点匪夷所思，但在阿拉伯语、希伯来语以及其他许多语言中，情况确实如此。只是古典希伯来语在其口语消亡后，出于宗教目的，其阅读方法还是流传了下来，古埃及语的阅读方法却没有流传下来。当古埃及语的口语消亡以后，其阅读方法也随之失传了近两千年。我们虽然已大致确证了其辅音，但其元音仍然难以找回——尽管科普特语为我们提供了一些线索，却依旧无济于事。科普特语是古埃及语最后阶段的分支，借由科普特基督徒的祷告文流传了下来。现在通行的做法是，如果出现 🦅 或 ▭ 这样的符号，我们就在中间添加元音 /a/，否则我们就添加另一个元音 /e/。因此，下列字

楔形文字和象形文字

符串我们就可以转写成"wbn r'm pt",但是在发音时就变成了"weben ra em pet":

从这个例子中可以看到,"Wbn"写作"小鸡(w)+脚(b)+水(n)"。下方的圆形图案表示的是太阳,写在这里表示"上升"的含义,前面的限定符号标明了这一含义。同音异义的古埃及单词"weben"表示"泛滥"的意思,写为三个相同的单音位符号,区别是"泛滥"的限定符号不再是"太阳",而是谷物堆(△),这样就解决了可能出现歧义的问题。"Ra"(太阳神的名字)的限定符号也与此相同。"Em"(在……里面)写作( ),而且不需要限定符号,因为它属于介词,而且意义明显,不存在歧义问题。最后"pet"(天空)是用"p"和"t"外加一个用于表示苍穹的意音文字来表示( )。

在这个例子中,文字的阅读方法是从左到右,这一点从所有动物都是面向左方可以分辨出来,按照原则,在阅读的时候你应当面向动物们。这段文字也可以颠倒过来,让动物面向另一边,这时阅读方向就变成从右到左了。在文字方向的安排上,古埃及的书记员们有相当大的自由度,如果将文字摞起来能比单纯地横向排列更加好看,那他们也不介意这样做。

音节文字

楔形文字和象形文字的书写是采用复杂的混合策略：有些是表意文字，有些是意音文字或音节文字，还有表示单个音位的文字，并且可以相互替换。

音节文字由一系列符号组成，每个符号代表一个音节，一般来说是以 CV（辅音—元音）的形式出现，但同时也可能以 V 或 CVC 的形式出现。

↓ 克里特古都城克诺索斯是克里特文明的中心，在公元前 1100—公元前 300 年间十分繁荣。

B 类线形文字和阿姆哈拉语

最为有名的音节文字莫过于 B 类线形文字，这是一种早期的希腊文字，青铜时代的希腊及其周边岛屿的居民将其刻画在泥版上。这种文字体系中同样存在许多意音文字，但这并不能改变古希腊文字属于音节文字的本质。

音节文字有如下显著特征：对于任意一个辅音，都有一系列的象征符号用于代表 "Ca, Ce, Ci, Co, Cu" 这样的序列，但是这些符号之间又没有任何联系。比如从符号 ᛭（sa）你不可能推测出与符号 ᛰ（se）的第一个发音相同，而且单从外形上来看，你绝对想不到符号 ᛉ（re）与符号 ☺（qe）的最后一个发音相同。

B 类线形文字是从其他文明借用过来的，其语言与希腊语毫无关联，从书写中的问题就可以明显看出这一点。B 类线形文字中有表示 V 或者 CV 的符号，而希腊语中还存在 CVC 这样的形式。希腊语 "ekhontes"（雄性的复数形式）的意思是 "有"，在 B 类线形文字中只能写成 "e-ko-te"，送气音 /kh/ 被简单写作不送气音 /k/；并且 "-nt-" 无法写出，因为你只能写出 CV 形式的词汇，而写不出 CVC 形式的词汇；最后一个 "-s" 受规则所限同样也写不出来。希腊语单词大部分的语法信息都是用词尾来标识的，在这一体系中，很多词尾功能都无法展现。

有时，人们也用音节文字这个术语来描述埃塞俄比亚阿姆哈拉语的书写体系，但实际上这种描述并不合适。这两种体系中都有一种基本形式用来标识后面带有短元音 [ə] 的辅音，比如 "bu" "bi" 和 "ba" 这种相互间有所关联的音节。任何细微改变都会导致元音产生变化。仔细观察下表，并比较 "b-" 和 "s-" 之间的差异：

书写系统

↑ 这块刻有 B 类线形文字的克里特语石板制作于公元前 1400 年，克里特文明因古希腊传说中的统治者迈诺斯而得名。

	-ɔ	-u	-i	-a	-e
b-	∩	∩	∩	∩	∩
s-	∧	∧	∧	∧	∧

　　你大概一眼就能看出，这些符号彼此十分相似，即使你不知道他们所代表的语音，也能猜测出这些音之间是相互关联的。

　　元音也是如此，你只要看看符号，从一些细微的变化就可以看出写的是哪个元音，参见上面的列表，你可以看到 /e/ 这个语音的符号下方有一个封闭的小圆圈，当我们观察

音节文字

219

/e/ 这个音是如何与其他辅音配合使用时，可以清楚地发现如下规律：

	-e
h-	ҿ
l-	ʎ
m-	ʊʓ
r-	↙
t-	ᵵ

这种体系被称为音节音位文字或元音附标文字，用以与纯粹的音节文字相区分，其中，标识辅音和元音的符号之间没有任何联系。

梵文字母系统

梵文和印度境内的许多现代语言使用的都是梵文字母系统，观察下面的一连串字符。

त ता ति ती तु तू
ta ta ti ti tu tu

तृ तॄ तॢ तॣ ते तै तो तौ
tr tr ti tl te tai to tau

"t-"的基本形态明显包含在第一个字符中，用于表示"ta"。为了标识后接不同元音的"t-"，人们使用了不同的元音符号来进行调整，这是梵文字母系统通行的做法，而且运用在其他辅音标记时也表示同样的含义。

字母文字

犹如音节符号，字母文字也代表语言发音，在书写体系中需要的字母却大为减少。

到目前为止，我们已经了解了图画文字、意音文字以及音节文字，并且了解到这几种文字有时可以同时存在于同一个系统中，但是字母文字有些特殊：字母文字中的元音和辅音是分别用不同的符号来表示的。

早期字母文字

早期字母文字的实例主要发现于摩押平原和以色列，可以追溯至公元前 2500—公元前 1800 年间。这些早期的字母文字并不容易解读。现在我们能够解读的最早的字母文字，是刻有比布鲁斯（现今黎巴嫩的朱拜勒）国王沙法特巴尔名字的碑文，刻制的时间不早于公元前 1500 年。与之年代最为接近的是出土于古犹太王国城市（位于现今以色列境内）拉吉的陶器碎片，时间可以追溯到公元前 1400 年，上面有两个保存完好的字母，还有一个字母遭到损坏。但是，基于与后世的书写体系的相似性，我们解读出其所写的可能是一个闪族人人名 "bl'"，来源于《希伯来圣经》中的 "Bela'"。

腓尼基文字探源

大约在公元前 1200 年，腓尼基语开始崭露头角。腓尼基字母体系严密且容易辨认，被认为是我们熟知的古典希伯来字母的前身。

腓尼基书写体系的起源目前仍有争议，很难得出确切的

象形文字　原始西奈语　腓尼基文字

↑ 图中所示的《希伯来圣经》出自《以西结书》，因有元音标注而不同于大部分希伯来语书籍。与之相似的是阿拉伯语《圣经》，即除印刷版外均有元音标注。

结论。大多数历史学家认为，美索不达米亚楔形文字应该不是后来的闪米特字母书写体系的前身，虽然两者之间存在一些明显的相似之处，但是这种相似也仅限于一两种形式，在其他方面很难找到相似之处，而且说服力也不强。与埃及象形文字进行对比，也同样无法得出结论。可以说，只有所谓的西奈字母令人感到振奋，这种文字的历史可以追溯到公元前19世纪，主要使用于西奈半岛。从上页图可以看出，很多西奈字母的外形与单音位象形文字十分接近，但问题是两者之间在发音上没有什么联系。例如，古埃及语中用来表示 /n/ 的波浪线，在原始西奈语中却用来表示 /m/；眼形图案在古埃及语中表示 /r/，在原始西奈语中却表示喉塞音

222　　　　　　　　　　　　　　　　　　　　　　　　　　　　　　　　　　　书写系统

(希伯来语中的"ayin")。虽然这些相似点并不能代表两种语言之间缺失的联系，但毫无疑问它们对彼此都产生过直接影响。

字母还是辅音字母？

根据我们在开头给出的定义，闪米特文字严格来说不能算是字母文字，原因就在于闪米特书写体系中不会标识元音。时至今日，阿拉伯语和希伯来语的书籍和报纸都是不标出元音的。阿拉伯语中"qatala"的意思是"他杀了"，而"qutila"的意思是"他被杀了"。这两句话之间的意义区别全靠元音加以区分。但是这些表示区别的元音通常又是不写出来的，两句话落在纸面上时可能都是قتل（qtl）。这些差异对于以这些语言为母语的人来说似乎没有任何影响，完全可以通过上下文语境来消除歧义。但这不过是理论上的一厢情愿，在实际应用中，文章越短，就越容易造成误解。

唯一需要写出元音的地方就是印刷版的《希伯来圣经》或是伊斯兰教的《古兰经》。因为长期以来，这些经文都需要诵读，正确的发音不可或缺，因此人们才不遗余力地记录下了这些元音。但是这些元音的书写形式是在字母的下方、上方或后面标注符号，从历史文献中可以看出，这些标注不是成书时就有的，而是后来添加上去的。

如果一种语言的书写体系很像字母文字，但是又不写出元音（比如阿拉伯语和希伯来语），那么从严格意义上来讲，它的文字就不能算是字母文字，而只能视作辅音音素文字。第一种真正意义上的字母文字应当是早期的希腊语，希腊语当时借用了腓尼基字母来记录自己的语言。在借用的过程中，希腊人给这些字母分配了元音。事后看来，这简直再自然不过，但当时的情形没有这么简单。在现代西方人看来，腓尼基字母（𐤉）有点像大写的字母 I，但在当时，腓尼基人和希腊人用它来表示 /z/，因为在他们各自的语言中都有这个发音。而原本用来表示辅音 /y/ 的腓尼基字母（𐤉），希腊人将其改造之后用来表示元音 /i/。

罗马字母

公元前 5 世纪左右，居住在意大利的居民从希腊语中借用了一些字母，加以改造之后用来书写当时通行于意大利地区的伊特鲁里亚语、拉丁语以及其他一些语言。自此罗马字母诞生了，如今仍广泛使用于许多语言中。

采用罗马字母书写的各种语言并不一定就适合使用罗马字母，这就像腓尼基字母不一定适合希腊语，而希腊字母不

↑ 在法语中，尖音符如"café"和沉音符如"père"，意思是父亲，主要用途是改变字母 e 的发音。该图中的法语意思是"抱歉，我们关门了"。

古典罗马字母有 23 个，J、U 和 W 是在中世纪时期补充添加的。

一定适合拉丁语是同样的道理。因此，常常需要作出一些改进，有时这种改进十分简单，只需要赋予字母意义或语音。因此，英国人和德国人可能都是使用字母 W，代表的发音却各不相同。字母 V 也是同样的情形，德国人写作 V 的语音，英国人则一般写作 F。类似的例子有很多。在法语和德语中，许多元音的差异往往是通过在相应的字母上加重音符号或者圆点标注出来，以避免再重新单独创造字母。但是在波兰语和一些其他语言中，需要增添一些像（ł）的字母作为补充。起初的时候这些符号是用来区分舌侧音 /l/ 是模糊的还是清晰的，现在模糊的 /l/ 近似于英语中的 /w/。

西里尔字母

俄语字母是由一些希腊字母改进而来的，为纪念将基督教传至斯拉夫民族的圣西里尔及其兄弟圣梅笃丢斯，因而命名为西里尔字母。实际上最早的西里尔字母要到公元 900 年才被创制出来，此时西里尔和他的兄弟已经去世几十年了。其实他们创造的是如今被称为格拉哥里字母的文字。从特征

学会了书写的人就不会再去记忆书写的内容了，因而容易变得健忘。过分依赖于书写，人们就会使用外显的符号来记忆事物，而不是从内心深处把它们牢牢刻印在脑海之中，此时，你就会发现书写的魅力不在于记忆，而在于其提醒功能。

——柏拉图，《斐德罗篇》(275a)

上来讲，有些字母还依稀可以辨认出是从拜占庭时期使用的希腊语等语源借用而来，但也有许多字母是由他们自己创造的。其实这些对于传教士而言也不足为奇，这些传教士迫切需要一套成熟的字母体系来传递教义。一些非洲语言所使用的字母就是由传教士创造而来，例如，缪尔·克劳瑟就为约鲁巴语创造了一些字母（现已失传）。

字母文字大大促进了文化知识的普及，因为与意音文字体系和音节文字相比，字母文字要简单易学得多，使得文字书写自此不再是少数受过教育的书记员阶层的特权。

↑　缪尔·克劳瑟（1809—1891），在孩童时期被奴隶贩子交易过，后被解救出来，他是第一个被英国英行教会授以圣职的非洲人。

中文书写体系

中文采用了一种与欧洲语言的字母书写体系截然不同的书写策略。

第一份确切的汉语文字文献可以追溯到公元前 1200 年，出土于现今中国中东部地区的安阳，这些文字雕刻于牛骨和龟甲之上，主要用于占卜。首先是在牛骨和龟甲上刻上请教神谕的问题，然后将其置于火上烧烤，由于受热之后，牛骨和龟甲都会开裂，人们相信从开裂的方式中可以找到问题的答案。

从某种程度上来讲，和古埃及、古美索不达米亚的早期文字一样，早期中文也属于象形文字。例如，符号 ⚭ 代表"雨"，图 ☽ 表示月亮。

这些图画文字没有细节，更多是一种非写实的象征。读者必须在阅读之前就知道 ☽ 代表的是月亮，而不是耳朵或眼睛。然而凑巧的是，用于代表耳朵的符号是 ☽，用于代表眼睛的符号是 ⌬。问题的关键在于，你必须了解整个系统，才能认出这些符号。你不可能看一眼符号，就知道它们代表了什么。

之后，中国人也向前迈出了重要的一步——不再以象形性，而是基于语音联系去使用文字符号。例如，"又"这个文字最初代表的是"手"，发音是"yòu"，但是与此同时，这个发音还代表了"再一次"（到现在也还是这个意思）。通过语音上的关联性，"又"这个符号还可以用来表示文字的"yòu"。在现代汉语中，手的发音是"shǒu"，而书写形式是"手"。

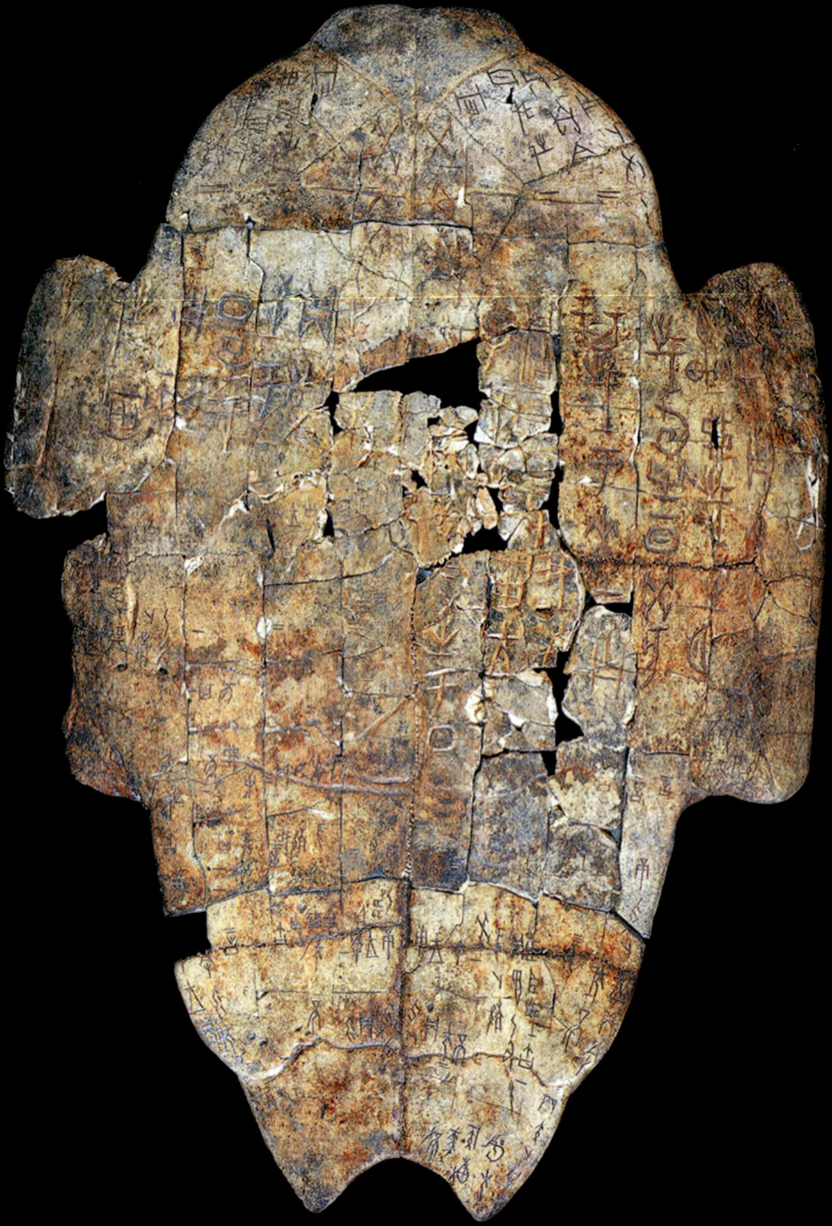

汉字与部首

  合乎当代中文普通话（占中国人口的70%）规范的音节数量有400个。但是，前文我们曾提到过，汉语是一种声调语言，汉字"朱"的发音为"zhū"（一声），有"红色"的意思，与发音为"zhú"（二声）的字有很大区别，例如"竹"，有"竹子"的意思；"主"的发音是"zhǔ"（三声），有"主人"的意思；而"柱"的发音是"zhù"（四声），有"柱子"的意思。这样可以大大扩展发音的数量，尤其是考虑到各个音调还有许多同音异义字。因此，"柱子"只是"zhù"这个发音许多异义中的一个意义，"zhù"这个发音还可以表示"建筑""铸造""祝愿""援助""注入""居住""著写"的意思。

  如此一来，口语就变得极为复杂，人们不仅要区分不同的声调（中国境内各地方言声调数量不一），还得区分任意一个声调内的许多同音异形异义字。通常情况下，文章中的上下文能够帮助我们厘清关系，找出合适的文字。

  书面语言是如何解决这个问题的呢？从理论上来讲，每一个概念都可以用一个字来表示，而且与发音无关。但是前文我们已经讲过，汉语的造字方法很多都是基于相同或相似的发音。

  我们回过头来再看看前文所举的"zhu"这个例子。汉语中很多字都发"zhū"的音，这些字分别表示不同的意思。其中一个意思是"红色"，书写是"朱"；但是"zhū"（一声）还有其他含义，可以用来表示"珍珠"，书写是"珠"；你一眼就可以看出这两个字右半部分一模一样，这并不是说珍珠就一定是红色的，而只是这两个字的发音相同，造字时就是考虑了发音相同这个因素。左边添加的符号属于偏旁部首，汉语中这样的偏旁部首有230多个，大多是用来合成像

← 出土于现今河南省的甲骨，年代约为公元前1300—公元前1050年。龟甲上的文字，用于占卜战争的成败。

"珠"这样的汉字。

汉字书写

在中国古代，汉字的书写工具是毛笔。汉字由不同笔画组成，有些汉字的笔画多达 25 笔，要记住或辨认出这些不同的笔画需要有高超的技巧。想象一下，在计算机出现之前，要制造出一台中文打字机是不是比登天还难呢？从上千个汉字中选出你所需要的那一个，如何才能造出这样的打字机呢？答案是和印刷工使用的机器相似，通过一套系统从许

↑ 学会说中文就要学会区分声调的细微变化，因此，我们可以毫不夸张地说，会说声调语言的人，其音调一定完美。

↑ 中文打字机有 3000 个常用字库，打字员可以通过控制杆从中挑选，根据需要随时调换字库中的字。

多刻有单个汉字的金属方块中挑选出需要的汉字。

计算机的出现使得文字打印的问题迎刃而解。在 20 世纪 50 年代，汉字的书写大幅度简化了。但是，识字尚未完全普及。麵这个字的意思是面条，总共有 20 个笔画，后来被简化成了**面**，只有 9 个笔画，这样读写起来就容易多了。

←　书写笔画

左图是中国汉字"永",表示永久的意思,汉字中使用的笔画大多体现在这个字上,一个复杂的笔画是由几个简单的笔画组合而成。

↓　现在汉字中最为复杂的字是𰻞字,传统书写方式共有 57 画,简化后还有 43 画。图为书法比赛,其中一个参赛人员写了这个字,参赛人员多达 2000 人。𰻞字是一种面条的名称,在西北地区很受欢迎。

书写系统

日语书写体系

无论结构、发音还是词汇，汉语和日语都截然不同，但是这两种语言从外形上看又十分相似。

汉语和日语

汉语

日语

对于外行来说，汉语和日语的相似性显而易见，但其中的差异就没那么容易发现了。在用日语写的文章中，除了獅子（狮子）这个复杂的写法之外，还可以用"く"这个简单的书写方式，发音用"ku"来表示。这在整个日语书写体系中十分普遍，而且与美索不达米亚语言的书写体系十分相似，两种语言都是意音文字和音节文字并用。

日语书写体系的起源

日语中的意音文字起源于汉语，而且音节文字也是从汉字中借用而来，经过演化修改之后与原来的面目大相径庭。由于汉语书写体系历史悠久，在不同历史时期影响甚广，日语从中国借用汉字也就不足为奇了。在日本发现了许多印有汉字的钱币。其后的历史记录显示，日本最早借用文字进行大规模创作的书籍为《三经义疏》（三种佛经的注解），时间可以追溯到公元620年，这些在后来的历史文献中都有记载，而且我们也只能从历史记载中了解这些情况，因为原版真实的文字材料没有流传下来。流传至今的最早的日语文字记录是《古事记》的手稿，这套编年史创作于公元8世纪，现存的这套手稿是公元1372年的抄本。

从这些早期的历史资料中可以看出，这些汉语著作（例如孔子的著作十卷）是作为贵族之间互赠的礼物经朝鲜传入日本的。当时的日本还没有本土的书写体系，只能从汉语中借用。语言借用的现象不罕见，而且也不是没有先例，当年阿卡德人就借用了根本不符合他们语言表达习惯的苏美尔文字来记录他们使用的闪米特语言，希腊人也十分勉强地借用了腓尼基字母来满足他们记录语言的目的。

日本汉字

早期的日语文章完全是用汉字书写而成，这些汉字被称为"kanji"，字面意思就是汉字。你可以想象一下，如果你想写一个表达"海"这个意思的词，用现代日语本土词汇表达的话就是"umi"，用汉字表达的话就是"海"，在现代汉语中这个字的发音是"hǎi"（三声），在公元8—9世纪，这个汉字的发音有可能是"kai"。因此，如果一个日本人看见了这个汉字，他的发音可能会是"kai"或者"umi"。

时至今日，情况依然如此。日语从汉语中借用了许多如今看来相当古老的发音，而且在某些场合下一直沿用至今。这些日语中的中文成分被统称为音读，意思就是按照汉语发音来阅读。"Umi"这种发音被称为训读（日本发音）。

何时使用音读，何时使用训读，这一点没有硬性规定。这样一来，日语的发音就变得飘忽不定。但是在实际使用过程中还是要遵循一定的规则，如果某个日本汉字是独立使用，那么通常就使用训读；如果这个汉字与其他汉字连用组成一个合成词，那么就使用音读。

你也许觉得这种方式十分诡异，需要花点时间来回味一下。其实，中日两种语言之间没有什么联系，单个的中文汉字基本上都是用作名词和动词。当然，日语本土词汇中也有名词和动词，但是其结构学特征与汉字截然不同。一方面，日语多用开音节，少用闭音节，换句话来说，不管是以前还是现在，日语本土词汇大多数是以元音结尾。汉语则有所不

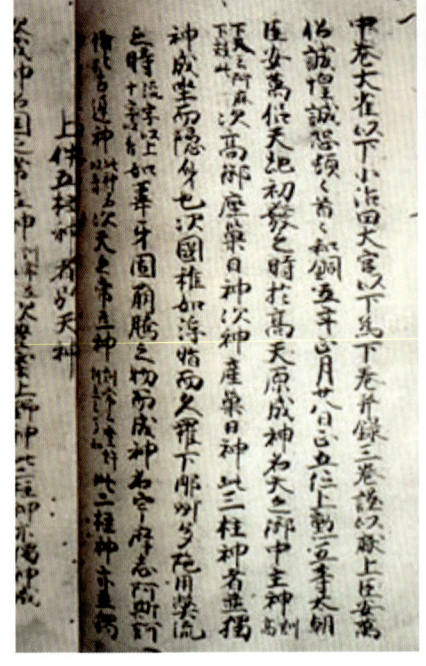

↑ 日语最古老的书籍是《古事记》，这是一部集传说、历史事件和风俗传统为一体的杂文集。创作于公元712年，使用的是中国汉语文字，但是采用了日语的发音方式。上图是流传至今最为古老的版本，相传创作于公元1371—1372年。

↑ 日语中的汉字既可以采用古汉语的发音方式（音读），也可以采用日语的发音方式（训读）。

书写系统

同，汉语音节大多数都是以辅音结尾。那么要书写外来文字或者说非本土文字，例如，原来用梵文写的佛经，就必须对借用过来的汉字进行改造。此外，除了名词和动词之外，日语中还有许多句子小品词。例如，"-wa"一般是用来提示句子的话题结构，表示"-wa"前面的事物是句子的信息焦点。

片假名和平假名

上述借用方法总存有缺陷，难以令人满意，因此，从公元 9 世纪左右开始，另外一种借用方法开始流行并推广开来。借用方法大致如下，首先选用一个你想模仿其发音的汉字，然后删除其复杂笔画，最后只剩下一两笔简单笔画。例如汉字"加"最后就简化成了"**カ**"，读作"ka"。

当整个借用过程结束以后，最后就形成了一张假名表，包含 48 个基本符号，这就是片假名。在现代日语中，片假名还在使用，但主要是用于拼写外来词汇或一些特殊的复杂形式。

日语同时还演化出另外一套音节书写法，这就是平假名。与片假名相比，平假名的书写方式稍显潦草，其历史可以追溯到公元 9 世纪的碑文。大家都知道，创作于公元 11 世纪、闻名遐迩的《源氏物语》就全部是用平假名写作而成。这部著作的作者是一个名叫紫式部的贵族女子。传说这种草体的书写方式是由一名朝廷女官发明的，而且使用者大多是女性。相比较而言，男性更习惯使用汉字，但是，我们不能就此得出结论说男性不能使用平假名，或者说女性不使用汉字。

要了解平假名的潦草程度，你只要看一眼日语音节"chi"（ち）和与之相对应的片假名（チ）的书写符号，或者平假名（と）和片假名（ト）之间的差异。

る垂を範り至に今妙絶辭文るつ上を之し著を語物氏源てし籠參に寺山石け受を命の院門東上部式紫

因此，可以说现代日语是意音文字和音节文字并用的一种语言。虽说你可以用不同的假名来书写日语文章，但是通常的做法是，如果遇到像名词或动词这样的实词，就使用汉字；如果遇到语法标记词，而这些语法标记词代表的是日语本土语法，与汉语毫无关系，就使用假名。

例如，我们可以看看"猫睡在席子上"这句话的日语翻译。你可以看到这句话的日语翻译简直就是一个大杂烩，名词和动词都使用了汉字，小品词使用了平假名，而外来词"mat"则使用了片假名。

↑ 上图画的是平安时代的宫廷侍女紫式部在创作《源氏物语》，有人认为这部宫廷爱情故事是世界上第一部长篇小说。

→ **Japanese sigage**

在日本，铁路站台上站名的标识同时使用了汉字（汉语文字）和平假名（日语草体音节文字），同时对于不懂日语的游客，还有用罗马字符标注的音译。

236　　　书写系统

猫	は	マ	ッ	ト	で	眠	る
KANJI	HIRAGANA	KATAKANA	KATAKANA	KATAKANA	HIRAGANA	KANJI (kun)	HIRAGANA
neko	ha = wa	ma	t(su)	to	de	nemu	ru
neko	wa	matto			de	nemuru	
猫	提示主语	席子			上	睡	

猫睡在席子上

日语书写体系 237

卢恩字母和欧甘文字

在几支日耳曼语言中都发现了"卢恩"这个词，意思是"秘密"，这也许就是在告诉我们这些文字的创造历史。

在公元 2 世纪以前，北欧一些日耳曼语族的人群根本就没有像样的书面语言文化。他们与那些拥有文字体系的民族交流并不频繁：在南部高卢地区以及赫尔维蒂人部落中（凯尔特部落，聚居地位于现今瑞士境内），就使用着一种由希腊字母演化而来的文字；还有意大利北部地区的人们使用的北伊特鲁里亚文字，以及使用于许多地区的、已经发展成熟的罗马字母。但是这些说日耳曼语族的人群没有借用其中任何一种文字，而是自己创造了一种书写体系，并称之为"卢恩字母"。卢恩字母与北伊特鲁里亚字母有些相似，但是绝不是简单的借用。在几支日耳曼语言中都发现了"卢恩"这个词，意思是"秘密"，这或许揭示了其最初是如何被创造出来的。日耳曼民族有着强烈的民族文化认同感，而且他们也想保持自己原有的文化。直到公元 5 世纪，他们才开始借用罗马字母，而且各个部落之间借用方式不一。卢恩文的使用一直延续到公元 14 世纪。

卢恩文字

从给元音和辅音都分配字母这一点来看，卢恩文字属于字母文字，而不是音节文字或者元音附标文字。但卢恩字母也与其他大多数的字母文字有所不同，在其他语言中，字母表都是按约定俗成的顺序——即从腓尼基字母的"aleph, bet, gimel, daled"，到希腊语的"alpha, beta, gamma, delta"，再

238　　　　　　　　　　　　　　　　　　　　　　　　书写系统

↑ 在瑞典斯德哥尔摩北部的埃克比有一块石碑，上面的碑文是：圭尼生前写下这些卢恩文用于纪念自己。雕刻这些卢恩文的是（外语）后嗣。大部分斯堪的纳维亚卢恩文石板的历史可以追溯到维京时期（800—1066）。

到罗马字母的 A，B，C，D，这样一路沿用下来的顺序排列的，而卢恩字母表并没有沿用这样的排序。

腓尼基字母表中的字母顺序与其他语言有所差异，其开头的六个字母为"f, u, Þ（=th）, a, r, k"，因而也叫作"fuÞark"（或者"futhark"）。1903 年，在瑞典哥特兰岛上发现的凯尔弗碑石，其历史可以追溯到公元 400 年，碑石上所书的 24 个字母（加上后来的 16 个）都是遵循这样的固定顺序。语言学家沃尔特·威廉·斯基特（1835—1912）推测北欧古字母顺序是按照截头表音法来排序的，即字母的顺序是按照早期日耳曼语版本的主祷文开头几个单词的首字母顺序来安排的，即"fader unser Þu an radorum"。这是一个巧妙的假设，却难以令人信服，毕竟，在基督教传播至北欧地区几百年前，就有专门一套字母来记录基督教教义，听起来实在太过匪夷所思。更为重要的是，除了开头的五个字母的排序之外，这一猜想无法对其他字母的排序作出合理解释（同时这种猜测也无法解释字母 K，因为"futhark"这个单词出现于 19 世纪）。

早期的卢恩文都是刻画在岩石或其他坚硬的物体上，其手书稿的历史就要晚多了。在一份 11 世纪晚期写于坎特伯雷的手稿中，发现了一张卢恩文符咒，内容是恳请雷神托尔保佑，祛除导致血管化脓的疾病。随着时间的推移，卢恩文中这种神秘的巫术色彩变得越发浓重，并且现代研究发现，在古代欧洲，卢恩文甚至被视作某种能让异教徒幡然悔悟的良药。

欧甘文字

另外一种碑文的书写形式也不同寻常，而且同样充满了神秘的色彩，这就是欧甘文字。欧甘文字大约在公元 4 世纪

卢恩字母和欧甘文字

起源于爱尔兰。大部分用欧甘文字书写的文本都是在爱尔兰发现的，时间可以追溯至公元450—600年间。欧甘文字的独特之处在于，它的字母似乎是专门为刻在石柱的棱线（两个平面相交的地方）上而设计出来的。由下图可以看出，刻在石棱右边的四条横线代表 S，如果这四条横线位于石棱左边就代表 C，如果横穿过石棱向左右两个方向同时延伸，那就代表 E。读起来着实费力。到后来，欧甘文的载体逐渐变成了羊皮纸，这时就需要在羊皮纸上画一条直线以表示石头的棱线。

← 欧甘文字的字母最多由五根凹槽组成，全都雕刻于石板的边缘。公元 4 世纪左右，人们在石碑上用这些字母雕刻一段很短的爱尔兰语或皮克特语碑文。

解密文字

本书中讨论的语言及其书写体系传承历史都有迹可循。我们现在对拉丁语有所了解，究其原因，这种语言事实上并未消亡，世界上还有其他一些语言却并非如此。

现在没有人从小就开始学习拉丁语，拉丁语却在教会和政府中一直沿用了下来。同样，古希腊语也并未真正消亡：拜占庭帝国和希腊东正教会将其文字和释义保存了下来。

其他语言就没有这么幸运了。例如，古埃及语在公元1世纪就没有人使用了，据现在最近的碑文也只能追溯到公元394年，而且上面的文字也已经失传了。直到19世纪，欧洲才有人竭力读解出其中的含义。无独有偶，许多使用楔形文字的语言，例如苏美尔语、阿卡德语、赫梯语、乌加里特语、埃卜拉语和古波斯语等，也是直到19世纪楔形文字被译解出来之后，我们才能读懂其文字的含义。楔形文字的译解可谓意义非凡，因为楔形文字并非一个单一的体系。同一个符号在不同的时间地点所代表的含义也各不相同。

古埃及文字解密

解读古埃及文字的故事现在已广为流传，但是在这里我们还需要讲述一下其中的细节。解读密码的关键就在于找到正确的切入点。正如"二战"时期德国和日本的许多军用密码最后被破译，其过程也并非一蹴而就。对于象形文字，我们同样无法仅凭直接观察而获知其意义，问题的关键就是要找到正确的突破口，当然还需要一点运气。解读古埃及文字的突破口，是1799年拿破仑的军队在埃及的萨尔瓦多拉

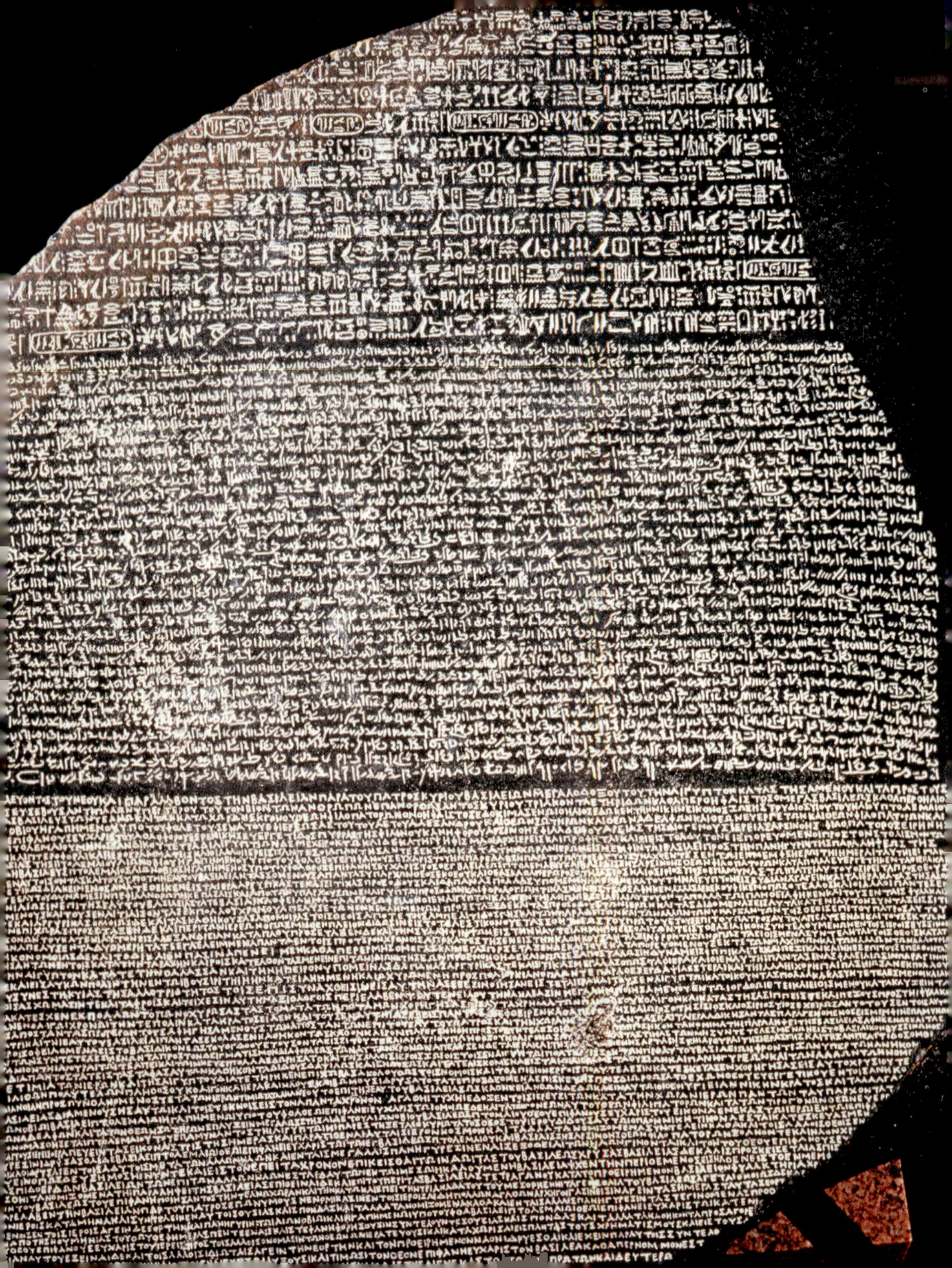

希德要塞（罗塞塔）找到了一块刻有文字的石碑。

石碑上记录了公元前196年，埃及托勒密王朝的一任国王颁布的法令。由于托勒密王朝的统治者来自希腊，所以一部分碑文是用古希腊文字书写的，学者们很快就将其解读了出来。除了古希腊文字，石碑上还有另外两种文字：其一是正规优雅的圣书体，其二是相对潦草的通俗体。这两种文字所记录的，很有可能与上面的古希腊文是同样的内容。

解读古埃及文字的方法是由商博良（1790—1832）发现的。但严格来说，第一个发现解读方法的应该是博学多才的英国学者托马斯·杨（1773—1829）。他发现古埃及文字中有些符号表示的是发音，但是他误以为这些发音仅指代被椭圆形（称为"涡卷饰"）框起来的人名拼写，而涡卷饰外的其他象形文字依然是表意文字，因此就没有深究下去。

商博良则沿着这个方向继续深挖，用从人名拼写中获得的符号含义来解读其他文本。由于他还精通科普特语，因此在解密古埃及文字方面取得了重大进展。科普特语是由古埃及语演变而来的一种语言，至今埃及基督教徒们仍会在宗教活动中使用这种语言。商博良取得的重大突破在于，证实古埃及文字不单纯是一种表意文字，而是表音和表意并用的文字。商博良的研究成果大大促进了对古埃及语的解读。虽然这一突破并不意味着古埃及语的语法和书写之谜就此迎刃而解，但可以说所有后续的研究都是在商博良研究成果的基础上展开的。

楔形文字解密

各种语言的楔形文字能够得以解读，要归功于其中一种较为简单的形式——古波斯语的书写体系。碑文又一次成了解读文字的关键。在伊朗西北部贝希斯敦山的一片悬崖峭

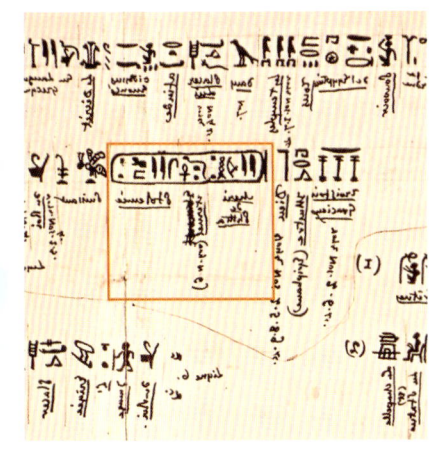

↑ 商博良13岁开始学习阿拉伯语、叙利亚语、迦勒底语、科普特语、拉丁语、希腊语、波斯语、希伯来语等十几种语言。17岁时就开始编纂科普特语字典和语法书籍。1816年，他开始集中精力解读埃及象形文字。1822年，在对罗塞塔石碑文字研究的基础上，商博良发表文章以说明他的重大突破，其中主要阐述了罗塞塔石碑文字中不同符号之间的相互关系。

← 罗塞塔石碑上的文字极力称颂了托勒密国王的功绩，从减税到向寺庙赠送礼物，同时还记录了以他自己的名义修建雕像的计划。

壁上，刻有用多种语言书写的碑文，此碑文是在大流士一世（公元前522—公元前486年）统治时期雕刻而成的，上面有三种不同语言的文字，分别是古波斯语、埃兰语和巴比伦语。

1778年，德国数学家兼探险家卡斯滕·尼布尔首次将碑文摹写下来。德国杰出语言学家格奥尔格·格罗特芬德（1775—1853）在碑文的解读上迈出了关键的一步，他发现古波斯语中所用的楔形文字主要用于表示单独的语音（或音节），另外两个文本却与此不同。

和罗塞塔石碑一样，揭开楔形文字之谜的突破口也是人名。格罗特芬德初步辨认出了希腊人所熟知的波斯国王大流士和薛西斯的姓名，这一发现让他得以解读出了其中三分之一的文字。剩余文字的解读，借助了对几种伊朗语言的研究，如拉斯马斯拉斯克语、尤金布诺夫语和基督拉森语。

英国人亨利·罗林森爵士（1810—1895）做过军人和政府官员，同时还是一名学者，他早期研究过古波斯文，后来转向巴比伦文字的研究。罗林森准确推测出某些符号是皇族姓名，但是由于楔形文字的特点与字母文字完全不同，解读并不顺利。而在古波斯语中，确实存在一些像"大王"和"万王之王"这样的皇家头衔。所以，只要确认巴比伦语属于闪米特语族的语言，那么，我们就可以利用闪米特语族中一些为人所熟知的语言来对"王"这个词进行解读。当人们意识到这种文字不仅使用了音节文字，还使用了意音文字时，碑文的解读便迎来了突破口。当然，我们还需要时间来研究其中一些细微的区别，但是，至少这些研究现在有了一定的依据。只是其中的埃兰语由于没有其他亲属语言，对其文本的读解还是一片空白。

与此同时，巴比伦语也为解开苏美尔语之谜提供了一把钥匙。这两种语言截然不同，书写方式也千差万别，在发音方面却表现出一致性，而且幸运的是，巴比伦语的创造者们创造了大量词汇用于解释苏美尔词汇，有时还会标明发音。

B 类线形文字解密

业余语言爱好者麦克尔·文特里斯（1922—1956）对 B 类线形文字的解读，可能是 20 世纪人类在古文字解读方面最伟大的成就。虽然麦克尔·文特里斯不是一个传统意义上的学者，但是他有极强的逻辑思维能力，他将只有词尾不同的文字符号归类，绘制符号序列表，并由此推测，使用 B 类线形文字的语言可能属于屈折语。

美国学者爱丽丝·科贝尔（1906—1950）已经有过这样的推测。她绘制的所谓"三相图"与麦克尔的发现有相似之处。她将 B 类线形文字的词汇分成三类：第一类是开头几个符号相同的词汇；第二类是除了最后一个符号，其他符号都相同的词汇；第三类是比前两类少一个符号，并且词尾是一个完全不同的符号。由于 B 类线形文字中能找到太多开头一致但结尾不同的单词实例，因此她得出结论，这种文字的语言应该是一种屈折语，其词尾发生变化，而词根一直保持一致。通过"三相图"，科贝尔分析出了三种不同的词尾。遗憾的是，还没来得及看到这一研究成果的意义，她就去世了。不过，即使她没有去世，也不一定就能找到解决问题的突破口。文特里斯意识到这些词尾变化可能代表着不同的音节，它们可能有着相同的音节头，但是韵脚不一致。试着照拉丁语音节表大声读出"do-mi-nus，do-mi--ni，do-mi-no"就能体会到这一点。在 B 类线形文字的解读中，科贝尔的贡献虽然重要，却在相当程度上是一个被遗忘的人物，正如罗莎琳德·富兰克林在发现 DNA 过程中所扮演的角色一样。

要揭开 B 类线形文字的秘密还差关键的一步，而这一

↑ 和罗塞塔石碑上的文字一样，在伊朗贝希斯顿山上发现了用三种语言书写的铭文，铭文中提及的人名帮助我们解开了楔形文字之谜。

解密文字

步被文特里斯找到了。他推测 B 类线形文字中的某些符号可能和克里特语的音节文字有相似之处，而克里特语言之谜已经被破解了。于是，他开始像译码员一样查找其中的名字，而且还真找到了。一旦破译了姆尼索斯、克诺索斯和提利索斯这些名字的书写，就能把这些名字填入其绘制的表格中，系统地破解其他的名字。慢慢地，他开始意识到他所研究的不是字母而是音节文字，并且，B 类线形文字所书写的语言是希腊语的早期形式。此后，还有许多著名学者研究过 B 类线形文字，其中包括安娜·莫普戈·戴维斯（1937—2014），她于 1963 年编写了迈锡尼希腊语词典。

↑ 安娜·莫普戈·戴维斯（1937—2014），出生于意大利，后在意大利接受教育。在 B 类线形文字被解码后不久，她作为古典文献专业的学生在罗马开始学习 B 类线形文字，后来长期从事历史语言学的研究，主攻迈锡尼语和安那托利亚语，并在学术上作出了杰出贡献。

沿着启蒙运动开启的道路，19 世纪可谓古文字解读的全盛时期。但相关研究仍远未结束：虽说许多语言之谜已被解开，但仍有许多艰巨的任务有待后人去挑战——比如巴基斯坦的印度河流域文字。经过一个多世纪的艰苦工作，这种文字仍然无法解读，甚至连其中一些基本问题，专家们都未达成共识。

语言变体

语言变体并非中性。一些书籍和电影中会赋予其中的人物以与众不同的说话方式，并有意将之凸显出来：美国电影中英国贵族残忍冷酷的腔调；阿里斯托芬也会让自己剧中的人物说出变化多端的元音，以表明他们来自希腊不同的地区。这种语言现象不仅仅牵涉口音，还有语法和词汇的微妙变化。如何描述它们是语言学家的事情，而人们如何看待这种现象，则属于社会学范畴。

人类语言变体属于一个脆弱生态的一部分。无数非洲本土语言为豪萨语、斯瓦希里语和科萨语这些研究热点所掩盖，缺乏关注。年轻人涌入城市谋取生计，家乡语言无人再用，也没人去教孩子们如何使用这种语言。接下来这一章你将了解到语言死亡的原因，以及我们为延缓语言消亡所付出的努力。

方言

方言、口音与语言之间究竟有什么区别呢？这个问题应当由语言学家来回答，普通人对这个问题的感受属于社会学的范畴。

曾几何时，当我还在念本科时，有一次放假回家参加一个晚会。当得知我在大学研究语言时，有一位客人觉得有必要盘问我一番。"世界上现在究竟有多少种语言呢？"我回答说要给出一个大约的数字都十分困难，但可能在7000种左右。"有这么多语言吗？"这位客人马上质问道，"绝对没有这么多，你说的是方言吧？"

我略感不快。很明显，提问之人以为我不知道自己在说什么——但就问题本身来说，并没有什么不合情理之处。要对某些东西计数，首先就得区分出单个的个体，如果你分不清语言之间的界限，又怎能数清语言的数量呢？

← 在本书创作之时，全世界使用的语言大约有7000种。

← 在西班牙度假的意大利人用意大利语点了一杯咖啡，而且还喝到了咖啡。

检验互通性是一个常用的"拇指法则"，如果说话的双方能够相互听懂对方的话语，那么就可以认定这两种语言形式互为方言。法语和俄语就属于不同的语言，因为会说其中的一种语言并不能保证你能听懂另外一种语言。但是西班牙语和意大利语呢？尽管西班牙语和意大利语发音各不相同，而且其拼写、语法和词汇也相去甚远，其使用者却能听懂或读懂对方的语言。试想一下，在一间西班牙咖啡馆里，一个意大利人向服务员说："tazza di caffè, per favore"（请来一杯咖啡）。这位服务员能大致听懂这句话的意思，因为这句话在西班牙语中是"una taza de café, por favor"。像这种简单的话语，上例中的双方能够听懂对方的意思，但是没有人会就此断定他们能够听懂对方所有的话语。再试想一下，这次意大利人问道："Cosa ti piace di più? Le romanzi di Pavese o le commedie di Pirandello?"（帕韦塞的小说和皮兰德罗的喜剧，你喜欢哪一个？）这回西班牙人就没那么容易听懂了，因为这句话的西班牙语是"¿Qué te gusta más? ¿Las novelas de Pavese o las obras de Pirandello?"无论词汇还是语法，这两句话差了十万八千里。

那么问题就来了，两种语言变体之间要相似到何种程度，才能确保其使用者能够相互理解交流呢？人们可能倾向于给出一个较高的数值，比如 70%。假如说使用两种语言变体的人能够相互听懂对方 70% 以上的话语，那么我们就可以将其界定为方言；而如果这个比例低于 30%，那么我们就可以将其视作不同的语言。但是这个比例是由谁决定的呢？更为重要的是，我们统计的对象是什么？一种语言中可能的组合是无限的，你不可能对一个无限的数量统计其百分比。但如果你只是从中抽取一定数量的样本，比如 1000 个组合，就能得到一个大致的结论。

我们可以举一些例子来看看从理论上会产生哪些困难。纽卡斯尔和格拉斯哥使用的语言变体存在一定的差异，由于口音的原因，这两个地方的人有时候会听不懂对方说的话，而且这两种语言变体中有许多单词不为对方所知，但是你会说，这是两种不同的方言。威尼斯和西西里所使用的意大利

在英国，平均每隔 25 英里口音就会发生变化。
——大卫·克里思托（David Crystal）、本·克里思托（Ben Crystal）

语的不同变体差异很大，几乎难以交流，却同样被认为是方言。丹麦语和挪威语被认定为两种不同的语言，其使用者相互之间却可以很好地交流。印地语和乌尔都语的情况也是如此。为什么难以相互理解的意大利语变体被认定为方言，印地语和乌尔都语却被认为是不同的语言？其原因在于政治，而不是语言学的问题。

方言问题

如果一个西班牙人到委内瑞拉去度假，他将面对的是不同的西班牙语变体。不过他并不需要参加语言学习班才能确保交流，他所需要的只是护照和机票而已。

我们很难将卡斯蒂利亚西班牙语和拉丁美洲西班牙语归类为不同的语言。但是方言确实也给我们造成了不少的麻烦，原因就在于"方言"这个术语给人一种暗示，即卡斯蒂利亚西班牙语是一种语言，而委内瑞拉西班牙语是一种方言，是不标准的，或者说是不正统的西班牙语变体。

语言学家当然不会意识不到这个问题。巴黎人很可能会认为他们说的法语是正统的，而马赛人说的法语是不正统的，对比利时法语和魁北克法语他们也可能会作出同样评价。但这只是文化态度上的差异，是社会学领域的问题。语言学家只能从发音、拼写、语法和词汇上描述语言的差异。但是，如果你用"方言"一词来指称一种语言形式，你就给这种语言形式贴上了一个标签，并暗示说这种语言形式来自其他不同的地方。鉴于此，有些语言学家就开始使用"languoid"一词来指称那些有所差异的语言变体。当然，这个令人生厌的术语最终没有流行开来，大多数语言学家转而开始使用"变体"一词，但其含义并不是说瑞士德语是德语的一种变体，而是说两种德语都只是不同的变体，没有规

↑ **相互理解交流测量标尺**

大多数情况下，丹麦人和挪威人能够相互理解，说北印度语和说乌尔都语的人也能够相互理解。如果两个意大利人分别说威尼斯和西西里方言，虽然在表面上来讲，他们说的是同一种语言，但是相互之间只能听懂一点点。

方言 253

范和不规范之分。但是在给语言学习者编写教科书时，人们认为区别还是存在的，并认为有些语言形式更加普遍，例如新闻节目中使用的语言。但这样做都是为了方便，并非对其他变体的贬低。

据说，语言学家马克思·韦恩里奇曾经用意第绪语这样评价过这种语言："a shprakh iz a dialekt mit an armey unflot."（没有军队的语言就是方言）且不论这句话是否真是出自他口，这句话道出了几分实情。人们所使用的语言和他们对所使用语言的感受很大程度上取决于他们对某个特定的群体、地区和国家的忠诚度。

↑ 把委内瑞拉使用的西班牙语说成是卡斯蒂利亚西班牙语的方言是不正确的。

↑ 在瑞士和德国使用的德语有很大差别，但不能因此称对方为方言。

语言变体

语言的生态和死亡

我们往往对语言习以为常，甚至感到厌烦，但实际上许多语言正面临灭绝的危险。

2010 年年初，老博阿与世长辞，她是最后一个能够流利说柏语的人，柏语是孟加拉湾安达曼群岛上使用的一种语言。随着老博阿的去世，一种古老的文化和生活方式从此销声匿迹了，再也没有人能够用柏语讲述这个民族的故事了。他们在这片水域的记忆和经历沉入水底，仿佛世世代代的柏族人从来都没有在地球上存在过。

语言死亡的现象并不是什么新鲜事。公元前 2000 年前，苏美尔语就已经灭绝了。到公元 1 世纪时，作为世俗语言的古代埃及语也消亡了。然而，苏美尔语和古埃及语都借由大量的书面语言材料流传下来，并没有完全消失。我们在解读工作中作出的不懈努力，使我们现在能够阅读和了解这些语言。但是柏语和其他如今面临消亡的许多语言，完全是另外一种情况。这些语言中有许多——或者说是绝大多数都没有文字传统，一旦这些语言无人使用，就将自此成为绝唱。对于那些对语言有所关注和了解的人来说，这样的寂静简直令人毛骨悚然。

为什么语言消亡的问题如此重要？

为什么？对于语言学家来说，语言本身就是一种无比奇妙的存在，其消亡毫无疑问是件可悲的事情。语言结构是多么有趣，蕴含了对世界的看法，犹如这种语言所包含的文化一样，绚丽多彩。对于人类这个整体而言，这简直是一场文

化悲剧。犹如极地冰冠开始消融,安第斯山脉的森林遭到砍伐,珍贵物种面临灭绝。

在地理环境和社会因素不利于语言统一的国家中,语言的多样性体现得淋漓尽致,这是不争的事实。单在巴布亚新几内亚 46 平方千米的土地上,就有 830 多种不同的语言,而使用人口却只有 800 万。如此之多的语言种类,在世界范围内都是绝无仅有的。现在地球上有四分之一的语言使用人口不超过 1000 人,这个数据听上去让人倍感悲凉,而其中一半的语言在未来的一个世纪将遭到灭顶之灾。这些语言的前景确实让人忧心。

↑ 2010 年年初,老博阿与世长辞了,她是安达曼群岛上已知的最后一个能流利说柏语的人。

语言是怎样死亡的?

一般来说,某种语言的最后一个使用者死去时,我们会

↑ 如果一种语言灭绝了，我们失去的不仅仅是词汇。一份人类独特的文化和经历也随之消亡，与人类过去连接的纽带也会中断。

↓ 法国东比利牛斯省的部分地区历史上一直使用加泰罗尼亚语，加泰罗尼亚旗帜和法国三色旗同时悬挂在一起。

说这种语言也死亡了。这给我们留下了一个缓冲期，而我们很难说清在这一时期会发生什么。如果一种语言的使用者只有 10 人，我们就可以认为这种语言处于濒临灭绝的状态；如果一种语言的使用者有 100 人，这听起来让人觉得振奋，但实际情况还是极其危险。世界上有 500 多种语言就处于这种状态。一种语言到底应该有多少使用者才不至于死亡，我们很难给出一个确切的数字，但是一般来说，如果少于 500 人，这种语言就会在不远的将来遇到麻烦。

1991 年，语言学家约书亚·费希曼（1926—2015）制作了一张度量表，即广为人知的世代失调分级表，旨在用一个指数数值来表示一种语言的健康程度。2010 年，语言学家保罗·刘易斯和盖理·西蒙斯对此表进行了修正，并称之为世代失调分级扩展表（EGIDS），表中按 0—10 划分等级。

语言的生态和死亡

← **巴布亚新几内亚**

巴布亚新几内亚独立国境内有 830 多种语言，是世界上语言种类最多的国家，其官方语言是托克皮辛语、莫土语和英语，但是后两种语言的使用人口不到其总人口的 2%。托克皮辛语是以英语为基础演化而来的一种太平洋地区使用的皮钦语，19 世纪中期在种植园内流传开来，是使用最为广泛的语言。

语言变体

数值越低，语言存活的可能性就越高。最让人担忧的就是后半部分的语言。6b 级代表语言存活受到了威胁，也就是说，在这种情况下，活着的每一代人都能够使用这种语言，但是只有一部分人会把语言传承给下一代。7 级表示有生育能力的父母一代能够使用某种语言，却不会把这种语言传承给孩子。8a 级表示这种语言已处于死亡边缘，只有祖辈和老人能够使用。当一种语言走到了这一步，如果不采取有效措施进行施救，其死亡也就不可避免了。语言作为一个有生命的个体，其存活与否取决于文化的传承。人们应当把自己使用的语言教授给孩子们，如果不能在工作中使用这种语言，那至少应该在家里使用。

在世界范围内，语言死亡的问题已迫在眉睫。例如在欧洲，37% 的语言在世代失调分级扩展表上都处于 6b 级以上。因此，可以说这些语言处境都十分危险。在非洲，这个比例高达 45%；在亚洲大陆地区则达到了 38%；太平洋地区为 34%；而在美洲地区，这个比例达到了惊人的 61%。平均来讲，处于 6b 级以上的语言比例为 34%。在量表的另一端是 10 种主流语言，全球有一半以上的使用人口。

为预防语言死亡采取的行动

我们能做些什么呢？至少我们能够记录下这些语言以防万一，这就要求训练有素的语言学家能够深入当地去做一些艰苦的实地调查。20 世纪 50 年代，美国一些人类学家就开始着手记录一些濒临灭绝的美国的当地语言。也就是说，如有可能，我们要对这些语言进行录音，同时编写相关语法和词典，以便将来的研究人员能够明白录音内容。类似的工作正在全世界范围内展开：我们开始记录非洲的部落语言、澳大利亚和南美洲的土著语言，以及欧洲的少数民族语言。这样

等级	标记	说明	联合国教科文组织评价
0	世界级	该语言在国际之间广泛运用于贸易、文化交往和国际政策	安全
1	国家级	该语言在国家层面获得官方认可，运用于教育、工作往来、大众媒体和政府部门	安全
2	地方级	该语言在国家层面获得官方认可，运用于教育、商贸往来等其他方面	安全
3	贸易级	该语言获得官方认可，为了克服地区间语言交流障碍，运用于商贸往来、社会交往等方面	安全
4	教育级	该语言运用广泛，在大众教育系统中用于提升大众的读写能力	安全
5	书面级	该语言主要运用于口语交流，书面交流能有效地在部分群体之间展开	安全
6a	活力级	该语言主要运用于口语交流，儿童把该语言作为第一语言进行学习	安全
6b	危险级	该语言主要运用于口语交流，部分有生育能力的人群能够把该语言传承给孩子们	脆弱
7	转换级	有生育能力的人群能够使用该语言，但是并不把该语言传承给孩子们	绝对危险
8a	垂死级	使用该语言的人群只是局限于祖辈之间	十分危险
8b	濒临灭绝级	使用该语言的人群只是局限于一些老人之间，而且使用场合不多	极度危险
9	休眠级	该语言只是某个种族语言文化的传承记忆，没有人能够熟练使用该语言	灭绝
10	灭绝级	没有人保留与该语言有关的种族身份，就连象征意义上的保存都没有	灭绝

世界上有一半以上的人口使用10种主要的语言：汉语、西班牙语、英语、印度语、阿拉伯语、葡萄牙语、孟加拉语、俄语、日语和旁遮普语。

34% 的语言被认定处于危险境地。

语言的生态和死亡

261

做的目的无外乎是要拯救这些濒临灭绝的语言。在加拿大，齐佩瓦语主要适用于魁北克、多伦多和马尼托巴等地区，人们已经找到了资金支持以振兴这种语言。虽然使用人口数以万计，但其语言的各种变体依然处于 6b 级以上，现在是时候阻止其恶化了。在法国，人们也采取了类似的措施以振兴奥克西唐语（6b 级）和布列塔尼语（7 级）。在英国，苏格兰盖尔语是法律规定的区级语言，等级划分属于 2 级，尽管广泛使用于媒体和教育，但是研究表明，要维持其核心使用人口还是相当困难的。威尔士语（也属于 2 级）的状态就要好多了，至少在其核心地带，威尔士语还是表现出了相当的活力。

显而易见，要阻止语言消亡是不可能的，但并不是说这不值得让我们为此付出努力，毕竟我们在这方面还是取得了不少的成绩。曾几何时，康沃尔人说的凯尔特语也曾难逃厄运，现在却再度复苏（处于 9 级，目前仍在持续改善）。与之类似的还有不列颠哥伦比亚省的斯夸米什语。我们为此付出努力，心中只有一个信念：语言并非微不足道，语言关乎我们的本质。

↑ 全世界许多语言都濒临灭绝。语言学家们深入实地，在语言灭绝之前把这种语言录制下来。

↑ 为了让当地濒危语言保持活力，在加拿大不列颠哥伦比亚省，路牌上既有英语标识，也有斯夸米什语标识。

262　　　　　　　　　　　　　　　　语言变体

未来的语言

在本书的最后一部分，我们会对人造语言进行探讨，同时也会了解语言的总体演化趋势。最为人所知的人造语言，可能要数 20 世纪中期 J. R. R. 托尔金在《指环王》一书中所创造的语言了。在过去的半个世纪，随着科幻小说的兴起与流行，越来越多虚构的语言，如克林贡语和多斯拉克语被创造出来了。现在已经有人著书告诉人们如何创造人工语言。自然语言随着时间的推移而变化——无论发音还是词汇，甚至语法都会发生变化。发音会不断简化，有些语言形式（如虚拟语气）也会被认为没有存在的必要。有些人提议说可以通过精心设计来改造语言，我们把这种方法称为语言工程，例如，我们可以消除一些带有性别歧视的语言特征。随着人类对语言使用变得更为敏感，人类对语言的干预也会越来越多。

人工语言

对于日常语言的变化来说，无意识的演变和有意识的改造二者皆有。但是就人工语言而言，我们明显可以看出有意识地创造的痕迹。这听起来有些讽刺的意味，因为语言最初不是被创造出来的，而是自然而然产生的。

人工语言可以分为两类。第一类是辅助语言，创造辅助语言的目的就是期望人们能够把它当作第二语言来使用。最有名的辅助语言就是世界语，是由一位名叫路德维克·莱泽尔·柴门霍夫的波兰医生创造的。1887 年，他用笔名"世

↓ 世界语，作为最有名也是最成功的人工语言，现在全世界使用人数已经达到了 200 万。

界语博士"（在世界语中的意思是"期望中的医生"）出版了其著作《第一书》。人们由于自然语言的隔阂难以交流，他创造语言的目标就是想让语言学习变得简单容易，让人们能够穿越语言的边界聚到一起。

辅助语言的缺陷

有观点认为，创造出辅助语言有利于人们之间的交流，但是这种观点可能忽略了人的本性这一因素。共同的语言并不是和平与善意的保证，也不能让英国人、美国人或西班牙人免于血腥的战争。语言不仅仅是外在的标记，更是文化和身份的传承。语言之所以能够做到这些，就是因为它有悠久的历史。然而世界语缺乏这些。虽说如此，全世界还是有200万人在使用世界语，而且还有几万人从一出生就开始学习世界语。但是不要忘了，目前全世界总共有75亿人口。

世界语从其结构和词汇上来讲，应当属于印欧语系的语言，如果你能够使用一种罗曼斯语族的语言，那么看到世界语你应该会觉得相当熟悉。但如果你是俄国人或中国人，就国际化而言，我们很难看出世界语能够为你带来什么好处，因为你本来就会使用一种语言，而且也能够与成千上万的人进行交流。如果你是德国人，想和尼日利亚人进行交流，为什么不去学豪萨语而要去学世界语呢？

世界语可能是最出名，同时也是最成功的人造语言，但它绝不是唯一一种人造语言，也不是最早的人造语言。大约在1880年，一位名叫约翰·马丁·施莱耶尔的德国传教士创造了沃拉普克语，而且追随者甚众，可惜不过是昙花一现。沃拉普克语最大的问题就是语法十分复杂，拼写也十分诡异，不久，各派系之间对语言未来的发展方向产生了分歧，有一部分支持者们转而开始对世界语表现出了兴趣。时至今日，沃拉普克语已经被人们遗忘，就连语言学家们也知之甚少。

基于上述目的，人们后来又尝试创造了伊多语和国际语。类似的话题可谓无穷无尽，而且也并无详细探讨的必要，对于那些对国际化感兴趣的人来说，我们的建议就是尽量去学习自然语言吧。

人造语言

第二类人工语言被称为人造语言或构建语言。这类语言主要是在科幻小说中被创造出来的，其本意并非供人们在现

↓ 约翰·马丁·施莱耶尔在其赞美诗中构想沃拉普克语能够成为全球人类的交流方式，但是由于这种语言过于复杂，很难成为世界性语言。

未来的语言

J. R. R. 托尔金

在《指环王》中，由 J. R. R. 托尔金所创的人造语言是最为有名的。托尔金是一位著名的语言学家，尤其是对盎格鲁-撒克逊语有极深的造诣，无须说明语言规则，他一眼就能看出语言的发音和书写方式。下文是凯兰·崔尔挽诗中的两句，是由托尔金用昆雅语所创作的诗歌，也是其书中精灵们使用的语言，上面的文字是由托尔金所创造的人造语言谈格瓦文字，后面则是拉丁文字。

Ai laurië lantar lassi súrinen
Yéni únótimë vë rámar aldaron!

实生活中使用。例如，J. R. R. 托尔金创造昆雅语和辛达林语，其目的并非要替代世界语，而是要让他虚构的中土大陆以及在这片大陆上生活的居民变得真实可信。正如后来发生的一样，他先创造了语言——构思出人名、词汇和各种语言，然后再虚构了生活在这里的居民和他们的历史。

对托尔金来说，昆雅语与拉丁语十分相似——用于表现高雅文化和文学——是一种高等精灵们使用的语言，其名词的屈折变化形态十分复杂，正如他所钟爱的芬兰语一样。低等精灵们（灰精灵）使用的语言被称为辛达林语，在名词复数的构成和辅音突变方面与凯尔特人使用的威尔士语大同小异。辛达林语的创造也并非偶然，因为托尔金对威尔士语也是钟爱有加。

托尔金创造了精灵语，但并未就此止步，他继续创造了"大敌"及其仆人使用的矮人语和黑暗语，但不成体系。除此之外，他还设计出了复杂的精灵语草写体和矮人们使用的卢恩字母。

在其他领域，托尔金的影响力同样巨大。1977 年在《星球大战》公演之后，影迷们就对砂人族使用的沙哑的语言和爪哇族的高声调语言好奇不已。整个银河系本就是一个语言丰富的场所，据说"C3PO"就能够流利地使用 600 种交际方式，但是我们现在连其中一种也破译不了。

在《星际迷航》播出之后，制作人很快就意识到很有必要对剧中的克林贡语和伏尔甘语进行一番深入探究。近几十年来克林贡语得到了细致的完善——可能是为了迎合广大影迷。在《星际迷航 VI 未来之城》中，克里斯托弗·普卢默扮演了一名叫作常将军的克林贡斗士，他曾经自豪地说过，一个不能用原始克林贡语读懂他的人是不可能读懂莎士比亚的！

就悠久的历史和复杂的文化而言，《冰与火之歌》（由其改编而成的电视剧《权力的游戏》更为有名）可以与托尔金所描绘的虚幻世界相媲美。作者乔治·R. R. 马丁除了杜撰了几个人名和剧中人物所说的几个单词之外，在人造语言方面并无建树。当其作品被搬上荧幕后，制片人找来了美国语言学家、人造语专家大卫·彼得森。大卫·彼得森先创造出了多斯拉克语，后来又创造了高地瓦雷利亚语和低地瓦雷利亚语。作为一个训练有素的语言学家，大卫·彼得森对语言有着深刻的理解，创造出来的语言发音悦耳动听，文字赏心悦目。能够做到这一点并非机缘巧合，而是出于对语系学的深刻理解，这在本书的第二部分有详细的论述。从深层次来讲，人造语言如果能够与人类的自然语言在发音和结构上发生一定联系，就更能为我们所接受。

↑ 在电视剧《权力的游戏》中，剧中角色丹妮莉丝·坦格利安与其巨龙说的是高地瓦雷利亚语，而与其马上斗士说的是多斯拉克语，这两种语言都由大卫·彼得森所创。

仿佛你仅凭一己之力就可以创造整个宇宙。
——语言创造者　大卫·彼德森（David Peterson）

268　　　　　　　　　　　　　　　　　　　　　　　　　　未来的语言

展望未来

没有人能够预测在未来的 100—150 年里某种语言会如何演变，但是根据语言过去的发展轨迹，我们可以预测未来的发展方向。

自然语言的演变

语言在实际使用中自然产生变化，新词汇不断加入，原有的词汇在使用一段时间后也会自动退出历史舞台。法语单词"à toute vapeur"（全速前进）在蒸汽机时代是一个常用单词，但在今天便十分罕见了。德语单词"eitel"的意思是"纯"（例如与"金"搭配使用），但这一含义现在也已基本弃之不用。

词汇形态也得到了简化。例如法语中的未完成体虚拟语气（"je donnasse，il donnât"），在过去的几十年中已为一般的虚拟语气所替代，原因就在于其构成更为简单。当年长的教授们还在使用原来的形式时，下面已经有人情不自禁地咯咯笑了起来。在未来的一两代人之后，那些使用英语虚拟语气的人也将销声匿迹。

当然，发音也将随之变化。1950 年左右，所有说英语的人在说"nephew"一词时，都会发成近似于 /neview/，而如今人们已经习惯于发成 /nefew/。发音的变化相对来说比较缓慢，在人一生的时间里很难察觉。但是如果以百年为单位去观察的话，变化就十分明晰了。

人为的语言变化

　　毫无疑问，词汇拼写一定会发生变化，只是变化十分缓慢，但有时政府也会实施全面改革。俄国人在十月革命胜利后就对他们使用的字母实施了全面改革。同样地，在1990年的法国，一场深刻的变革也影响了学校教授的语法。在此之前，"céder"（放弃）的将来时是"je céderai"，其音调尖锐高亢，但是现在为了迎合一般现在时改成了"je cèderai"。1996年，使用德语的国家也对他们的语言实施了改革，特别是那些如"Eszett"或"scharfes S"（ß）这样的用法复杂的语法规则。

　　随着时间的推移，人为的语言干预将会越来越多，但是文字改革的工作犹如走钢丝一般艰难，一方面要让语言表达简洁明了，另一方面又不能切断与历史的联系，不能因为语言规则的改变让人听不懂改革之前的语言。

　　但是也有一些语言规则早就应当改革了，性别的表示就

↑ 如果一时找不到字母 β，德语的 Eszett 可以用 ss 来替代。2017年之前这样的写法还只是局限于小写字母，但是在2017年之后，大写的"s"就正式用于语言中了。

← 随着时间的推移，发音也随之变化。现在英语中 nephew 一词的发音与20世纪50年代有所差异。

270　　　　　　　　　　　　　　　　　　未来的语言

↑ 从缩写到表情符号，移动电话改变了我们书面语言的交际方式。

是一个例子。英语中没有中性代词或中性所有格形容词，许多人对此甚为不满，缺失的代词常常用表示男性的代词来替代，因此我们常常会使用下面这样的句子，"the reader may doze if he will"（如果读者愿意，他可以打盹儿）或者"the writer must take up his pen"（作者必须拿起他的笔），如果你想强调，你可能会使用"the writer must take up her pen"之类的句子。遇到类似的情况，许多人就开始使用复数的代词"他们的"，但是到目前为止，这种用法在语法上是错误的，只是在某些社交场合有些人认为这样用比较好。据说，有些男人也开始不使用他们的这种特权。

在法语中，类似的情况就更加难以表达了，因为法语中的每个名词，不管是有生命的还是无生命的，在语法上都有雌性和雄性之分，在雌雄都有的情况下常常用雄性代词来替换，但是现在情况有所变化。由于人们不断的抗争，女性医生已经可以称为"docteure"，女性大使也可以称为"ambassadrice"。曾几何时，没人能够想象女人还可以担任大使一职，那时"ambassadrice"的意思只能是"大使夫人"。

书面语言变化

书面语言是否有变化呢？许多人在发送短信时都使用缩写，这种趋势会不会扩散至新闻报道呢？现在表情符号十分流行，这犹如把时钟回拨了 5000 年，人们开始像古埃及人一样使用象形文字。由此产生的问题就是，接收短信的人不一定能明白发送短信人的意思。例如，有些表情符号本来是表示微笑，但有些人会理解成苦笑，与发送的信息意思截然相反。也许我们正在进入刘易斯·卡洛尔所创作的《爱丽丝漫游奇境记》中蛋形人的奇幻世界，蛋形人想要词汇表达什么意思，这些词汇就是什么意思。

参考文献

Evolutionary Aspects
M Tallerman and K R Gibson (2012), The Oxford Handbook of Language Evolution (Oxford: Oxford University Press)

General Linguistics
J Aitchison (2010), *Aitchison's Linguistics* (London: Hodder Education)
This book has very helpful suggestions for further reading.

P H Matthews (2014), *Oxford Concise Dictionary of Linguistics*, 3rd edition (Oxford: Oxford University Press)
A great resource for quick definitions with helpful examples.

Invented Languages
D J Peterson (2015), *The Art of Language Invention* (New York: Penguin)
A very readable modern survey by a well-trained linguist.

J Allan (1978), *An Introduction to Elvish* (Hayes: Barn's Head Books)
A classic repository of material on the languages of J R R Tolkien.

Language Death
D Crystal (2000), *Language Death* (Cambridge: Cambridge University Press)
A good outline of the problem of language death and what might be done.

D Nettle and S Romaine (2000), *Vanishing Voices: The Extinction of the World's Languages* (Oxford: Oxford University Press) An excellent treatment of the topic.

Language Diversity
D Nettle (1999), *Language Diversity* (Oxford: Oxford University Press)
This book has a wealth of maps and statistics and explains why linguistic diversity is higher in some parts of the world than others.

Lexicon
G Deutscher (2011), *Through the Language Glass: Why the World Looks Different in Other Languages* (London: Arrow)
An excellent study of what you can and cannot deduce from vocabulary.

D Bellos (2012), *Is That a Fish in Your Ear: Translation and the Meaning of Everything* (London: Penguin)
Another excellent guide to sensible thinking about linguistic difference.

Morphology
G Deutscher (2005), *The Unfolding of Language* (London: Heinemann)
Excellent in particular on historical aspects.

P H Matthews (2009), *Morphology*, 2nd edition (Cambridge: Cambridge University Press)
This books gives a more detailed academic treatment.

Phonetics & Phonology

International Phonetic Association (1999), *Handbook of the International Phonetic Association* (Cambridge: Cambridge University Press)
This book is indispensable.

B Collins and I M Mees (2013), *Practical Phonetics and Phonology*, 3rd edition (London: Routledge)
Has a CD with useful audio.

P Ladefoged and I Maddieson (1996), *The Sounds of the World's Languages* (Oxford: Blackwell)
An excellent tour of the less-known sounds

Syntax

F Palmer (1983), *Grammar*, 2nd edition (London: Penguin and English Language Book Society)
This book is old but very readable.

World Languages

Asya Pereltsvaig (2017), *Languages of the World*, 2nd edition (Cambridge: Cambridge University Press)
An excellent region-by-region survey.

Anatole V Lyovin, B Kessler and W R Leben (2017), *An Introduction to the Languages of the World*, 2nd edition (Oxford: Oxford University Press)
Along similar lines as the title above, but with more detailed grammatical studies of selected languages.

Writing

P T Daniels and W Bright (1996), *The World's Writing Systems* (Oxford: Oxford University Press)
The ultimate resource on the subject.

照片来源

123RF Jose Ignacio Soto 213; Łukasz Stefański 139; aniwhite III; Beatriz Gascn 28; Bohdana Bergmannova 92; Dusan Loncar 202r; Ewelina Kowalska 11b; Katarzyna Katarzyna Białasiewicz 54; liligraphie 44; Mikhail Mischchenko 196; Richard Koizumi 232a; rihardzz 98; Roman Fedin 89; Roman Fedin 261; Uldis Zile VI; Vladislava Ezhova 29; Vyacheslav Biryukov 50; **Alamy Stock Photo** Art Collection 234; Art Collection 2 201; Arterra Picture Library 243a; Atomic 239; Barry Vincent 167; Chronicle 86; dpa picture alliance 270; Everett Collection 186, 267; FalkensteinFoto 66, 85; Granger Historical Picture Archive 115, 226; ImageBroker 96; Interfoto 112; Konrad Wothe/LOOK Die Bildagentur der Fotografen GmbH 256; Lebrecht Art and Music 236; Michele and Tom Grimm 262; North Wind Picture Archives 204; Panther Media 231; Reynold Sumayku 10; The Print Collector 156; UtCon Collection 266; World History Archive 219; Xinhua 232b; **Bridgeman Images** Ashmolean Museum, University of Oxford 199; De Agostini Picture Library/Biblioteca Ambrosiana 160; Pictures from History 172, 228; **Dreamstime.com** Alantunnicliffe 38; Alexander Kovalenko 40l; Alexzel 110; Almoond 250; Antartis 258b; Anton Eine 147; Bravissimos 254b; Byelikova 162, 163; Deniscristo 202l; Elenabsl 46; Ferdinand Reus 69; Hanhanpeggy 5b; James Wagstaff 257; Jdanne 264; K45025 222; Katarepsius 238; Korkwellum 8; Lnmstuff 233a; Lukaves 12; Maksym Yemelyanov 54; Marcio Goldzweig 195; Michal Knitl 258a; Mogens Trolle 158; Olga Lebedeva 202ar; Robot100 257a; Ruletkka 253, 254; Sabuhi Novruzov 195l; Sergey Lavrentev 53; Shannon Matteson 233b; Snapgalleria 180; Steve Byland 36; Suse Schulz 198; Syda Productions 234b; Thirdrome 212; Tsung-lin Wu 2; Vectordraw 40r; Vladimir Timofeev 217; Welcomia 68; Ylivdesign 175; **Getty Images** Berk Ozkan/Anadolu Agency 130; Hulton-Deutsch Collection/Corbis 191; Leemage 243b; Library of Congress/VCG via Getty Images 183; Universal History Archive 242; Vivienne Sharp/Heritage Images 246; Werner Forman/Universal Images 169; Yves Gellie/Gamma-Rapho via Getty Images 77; **Metropolitan Museum of Art** Purchase, Raymond and Beverly Sackler Gift; 1988/public domain/1.0 207; **National Portrait Gallery, London** Photographs Collection 123; **Octopus Publishing Group** 290Sean@KJA Artists 11a; with permission of the President and Fellows of **Queens' College; Cambridge** 145; **REX Shutterstock** AP 59; **Shutterstock** Fedor Selivanov 208; Apple_Express_Japan 237; Callahan 224a; pikcha 270,271; **Wellcome Images** 119; 133; © Warner Brothers 21; **Wikimedia Commons** 72a; Bpilgrim/CC BY 2.5 134; British Library Harley MS 6325 74; CC BY 2.0/Doods Dumaguing/Flickr 55; CC by SA 3.0/from Daniel Jones: An Outline of English Phonetics, W Heffer & Sons, 1972 22r; CC By SA 3.0/Walters Art Museum. Acquired by Henry Walters; 1927 32; Natalie Moxam 121; Östasiatiska Museet 170; Schoyen Collection 136.

图例来源

Bill Hope (illustrationweb.com)
Peter Liddiard (suddenimpactmedia.co.uk)